참 쉬운
뚝딱 한국사

4

참 쉬운 뚝딱 한국사 ❹

조선 후기

1판 1쇄 펴냄	2022년 4월 19일
1판 2쇄 펴냄	2022년 8월 25일

글쓴이	김원미
그린이	강혜숙
감수 및 추천	서울 초등사회교과교육연구회
펴낸이	박상희
편집 주간	박지은
편집 진행	김지호
기획·편집	박물관북스
디자인	아이디어스푼
펴낸곳	㈜비룡소 출판등록 1994.3.17.(제16-849호)
주소	06027 서울시 강남구 도산대로1길 62 강남출판문화센터 4층
전화	영업 02-515-2000 편집 02-3443-4318, 9 팩스 02-515-2007
홈페이지	www.bir.co.kr
제품명	어린이용 반양장 도서
제조자명	㈜비룡소
제조국명	대한민국
사용연령	3세 이상

© 김원미, 강혜숙, 박물관북스 2022. Printed in Seoul, Korea.

ISBN 978-89-491-8277-3 74910 / ISBN 978-89-491-8280-3 (세트)

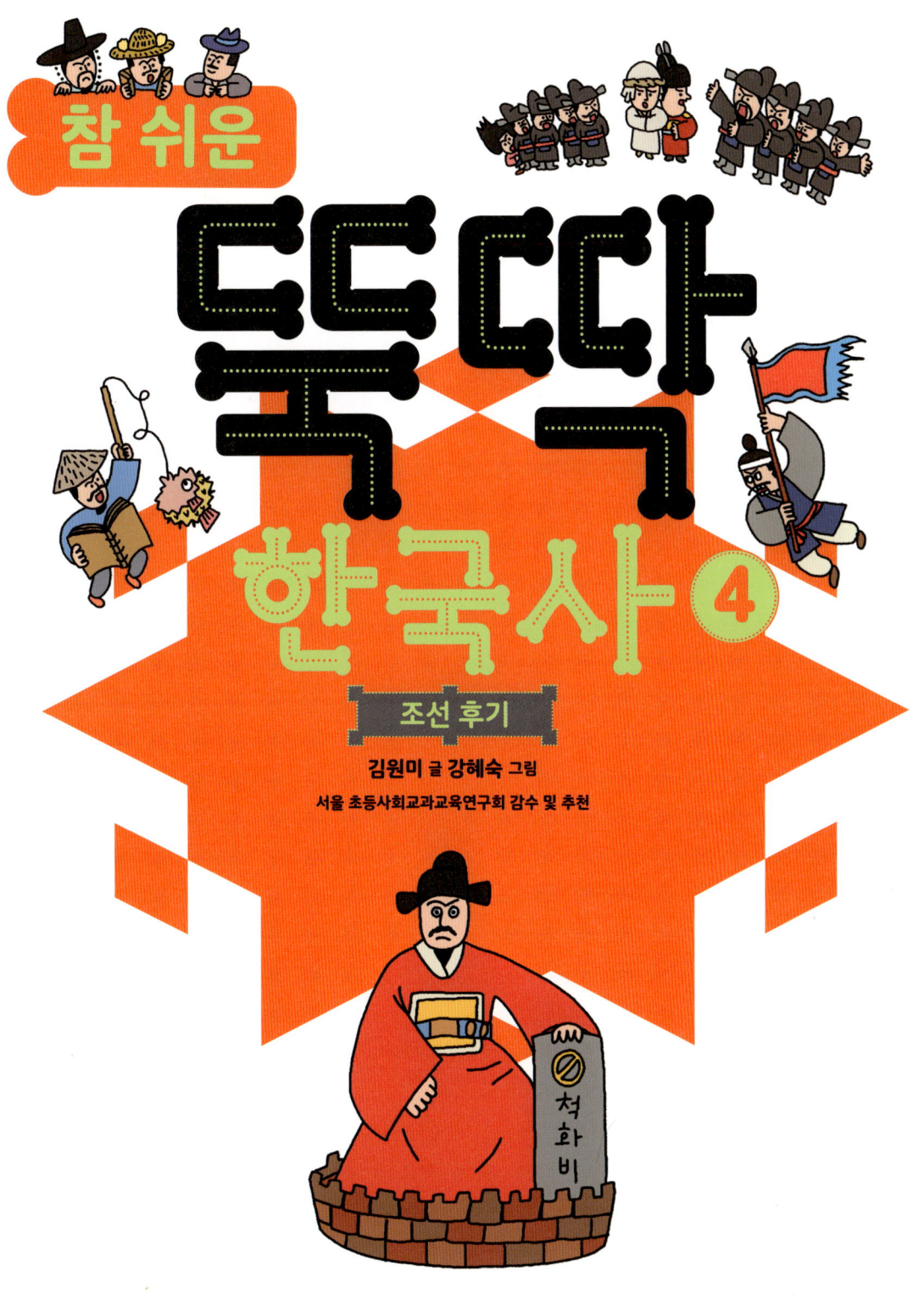

참 쉬운

똑똑

한국사 ❹

조선 후기

김원미 글 강혜숙 그림
서울 초등사회교과교육연구회 감수 및 추천

비룡소

차례

1장

010 전쟁의 상처를 이겨 내다!

- 012 백성들을 위해 대동법을 실시하다
- 014 백성들의 상처를 어루만지다
- 016 우선 백성들의 굶주림을 해결하자!
- 018 모내기법으로 농사짓기
- 020 농사를 지어 부자가 된 농민들
- 022 땅을 잃은 가난한 농민들은 어디로
- 024 장사로 큰돈을 번 상인들
- 026 나라를 넘어 무역을 하다
- 028 가난해진 양반들
- 030 돈을 주고 양반의 신분을 살 수 있다고?
- 032 장사로 큰돈을 번 김만덕
- 034 한 많고 눈물 많은 여인들의 이야기

- 036 단원 정리

2장

038　백성이 잘살아야 나라가 산다!

- 040　청나라에 다녀온 사신, 연행사
- 042　서양에서 온 새로운 문물
- 044　춥고 배고픈 백성들을 도와주는 학문
- 046　백성이 잘 살아야 한다!
- 048　상업이 발달해야 잘 산다!
- 050　양반전, 허생전
- 052　백성에게 땅을 주자!
- 054　정약용은 무슨 책을 썼을까?
- 056　중국에서 벗어나 조선의 것을 찾다
- 058　우리 땅을 연구하고 공부하다
- 060　박해를 당한 천주교와 사람들
- 062　백성들에게 널리 퍼진 신앙

- 064　단원 정리

3장

066　영조와 정조, 조선을 개혁하다!

- 068　나라를 다스리기 위해 편을 가르다
- 070　나라를 혼란에 빠뜨린 붕당 정치
- 072　탕평책으로 나라를 바로 세운 영조
- 074　뒤주에 갇혀 죽은 사도 세자
- 076　조선을 새롭게 변화시킨 정조
- 078　규장각에서는 무슨 일이 있었을까?
- 080　조선의 미래가 담긴 도시, 수원 화성
- 082　새로운 공사 방법, 다양한 과학 기구
- 084　수원 화성으로 간 정조의 8일
- 086　누구에게나 기회가 주어지는 세상

- 088　단원 정리

4장

090 백성들이 즐기는 서민 문화

- 092 ● 사람들이 북적북적, 시장마다 시끌벅적
- 094 ● 물길 따라 포구로 몰려드는 사람들
- 096 ● 시장은 서민 문화의 중심지
- 098 ● 탈놀이로 답답한 마음을 풀어나 볼까?
- 100 ● 하고 싶은 이야기는 노래로 하고
- 102 ● 한글 소설로 홍길동도 만나고, 심청이도 만나고
- 104 ● 소리꾼, 고수, 관중이 하나 되는 판소리
- 106 ● 화가들에게 불어온 새로운 바람
- 108 ● 김홍도가 보여 준 백성들의 삶
- 110 ● 신윤복이 그린 양반들의 모습
- 112 ● 왕실과 나라의 일을 기록한 『의궤』
- 114 ● 백성들의 마음을 담은 민화

- 116 ● 단원 정리

5장

118 안에서는 탐관오리가, 밖에서는 외세가

- 120 ● 못다 이룬 정조의 꿈
- 122 ● 왕을 꼭두각시로 만든 세도 정치
- 124 ● 세도 가문 사람들의 횡포
- 126 ● 백성을 괴롭히는 탐관오리들
- 128 ● 새로운 세상을 바라는 백성들
- 130 ● 평안도에 대한 차별을 없애라!
- 132 ● 고달픈 백성들의 마음을 위로한 동학
- 134 ● 왕의 아버지가 나라를 다스리다
- 136 ● 백성을 괴롭히는 양반들을 혼내 준 흥선 대원군
- 138 ● 조선 앞바다를 기웃거리는 낯선 배들
- 140 ● 조선을 침략한 프랑스
- 142 ● 이번에는 미국이 쳐들어왔다!
- 144 ● 나라의 문을 굳게 잠그다!
- 146 ● 조선의 개항 80칸 역사

- 148 ● 단원 정리

6장

150 **조선의 문이 활짝 열리고**

- 152 ● 조선을 공격한 이웃 나라, 일본
- 154 ● 불평등한 강화도 조약을 맺다니!
- 156 ● 눈이 번쩍! 서양 문물에 놀란 조선
- 158 ● 조선 선비들의 세계 일주
- 160 ● 개화를 찬성하거나 반대하거나
- 162 ● 차별받던 군인들이 일으킨 반란
- 164 ● 어서 빨리 개화를 하자, 갑신정변
- 166 ● 나라는 가난해지고, 백성은 고달파지고
- 168 ● 세금의 늪에 빠져 허우적대는 백성들
- 170 ● 백성들이 일으킨 전쟁, 동학 농민 운동
- 172 ● 세상을 바꾸자! 농민군의 개혁안
- 174 ● 드디어 사라진 신분 제도! 갑오개혁

- 176 ● 단원 정리

7장

178 **교과서보다 친절한 문화, 문화재 이야기**

- 180 ● 조선의 5대 궁궐을 다시 세우다
- 182 ● 조상들의 지혜와 멋이 깃든 공예품
- 183 ● 다른 나라에서 들어온 새로운 문물
- 184 ● 독도를 지킨 안용복
- 186 ● 정밀하고 실용적인 『대동여지도』
- 188 ● 왕과 왕비가 잠든 곳, 조선 왕릉
- 190 ● 조선 후기의 왕들

- 192 ● 이 책에 실린 사진들

초등 사회 교과 연계표

「참 쉬운 뚝딱 한국사」 시리즈는
현행 초등 사회 교과서의 교과 내용을 연계하여 구성했습니다.

사회

3학년 1학기　**2단원 우리가 알아보는 고장 이야기**

(1) 우리 고장의 옛이야기

(2) 우리 고장의 문화유산

3학년 2학기　**2단원 시대마다 다른 삶의 모습**

(1) 옛날과 오늘날의 생활 모습

(2) 옛날과 오늘날의 세시 풍속

4학년 1학기　**2단원 우리가 알아보는 지역의 역사**

(1) 우리 지역의 문화유산

(2) 우리 지역의 역사적 인물

5학년 2학기　**2단원 사회의 새로운 변화와 오늘날의 우리**

(1) 새로운 사회를 향한 움직임

서울 초등사회교과교육연구회가
「참 쉬운 뚝딱 한국사」 시리즈를 추천합니다.

많은 아이들이 한국사를 외울 것이 많고 어려운 과목이라고 생각합니다.

한국사의 흐름을 이해하지 않고 무조건 외우려고만 하니

지루하고 따분하게 느껴질 수밖에 없습니다.

「참 쉬운 뚝딱 한국사」 시리즈는 역사적 인물과 사건에 초점을 맞추고

마치 부모님이 재미있는 옛날이야기를 들려주는 것처럼 설명하여

역사를 처음 접하는 아이들이 한국사에 흥미를 가질 수 있도록 해 주는 책입니다.

또한 각 장의 첫 부분에 해당 주제의 역사 연표를 보여 주어

전체적인 흐름을 잡도록 도와주고,

본문은 핵심 내용을 기억하기 쉬운 그림과 사진으로 표현하여

어린이 스스로 학습한 내용을 체계화하고, 이해할 수 있도록 구성했습니다.

'단원 정리'에는 초등학교 수준에서 어려운 역사 용어와 유물,

인물 등을 정리하고, 공부한 내용을 확인하는 문제가 수록되어 있어

우리 역사에 흥미를 갖고 기본을 다지는 데 도움이 됩니다.

4권에서는 조선의 병자호란 이후부터 갑오개혁까지,

조선 후기의 역사 사실들을 알려 주고, 그 시대의 문화재, 유물들을 소개합니다.

초등학생 눈높이에 맞춰 만들어진 「참 쉬운 뚝딱 한국사」 시리즈를 읽으면서

한국사의 큰 흐름을 스스로 이해하고,

역사에 대한 흥미와 자신감을 가져 보세요!

*서울 초등사회교과교육연구회는 초등학교에서 사회를 가르치는 선생님들이
 사회를 더 재미있게 가르치기 위해 연구하는 모임입니다.

1장
전쟁의 상처를 이겨 내다!

조선의 수많은 백성들은 임진왜란, 병자호란으로 다치거나 목숨을 잃고,
다른 나라로 끌려가기까지 했어요.
국토의 절반 이상은 농사를 지을 수 없게 되어 버렸지요.
조선은 백성들의 고통과 굶주림을 해결하고 무너진 나라를 다시 일으켜야 했어요.
새로운 농사법을 만들어 곡식의 수확량을 늘리고
세금법을 고쳐 백성들의 부담을 줄여 주는 등 많은 노력을 했어요.
조선이 전쟁의 상처를 어떻게 극복해 나갔는지 함께 알아보아요.

1610년
허준, 백성을 위한 의학 백과사전,
『동의보감』을 완성함.

1608년
광해군 때 대동법을 시작하고,
1708년 숙종 때 전국에서 시행함.

1592년
임진왜란이 일어남.

1622년
일본에서 들어온 담배가
크게 유행함.

1636년
병자호란이 일어남.

1660년
부족한 나라 살림을 잘 꾸리기 위해
공명첩을 많이 발급함.

1678년
상평통보를 만들어 전국에서
널리 쓰도록 함.

1712년
숙종, 백두산 정계비를 세워 청나라와의 국경을 표시함.

1791년
정조, 허가받지 않은 상인과 가게를 단속할 권리인 금난전권을 없앰.

1793년
김만덕, 제주에 큰 가뭄이 들자 어려운 제주 백성들을 도움.

백성들을 위해 대동법을 실시하다

조선은 임진왜란과 병자호란으로 큰 피해를 겪었어요.
건물은 불에 타 사라지고, 책과 도자기는 외적에게 빼앗겼어요.
나라에서는 무너진 성곽을 다시 쌓고, 불에 타 사라진 궁궐과 종묘를
새로 지어 나라를 일으켜 세우고자 했어요.
큰 전쟁으로 수많은 백성이 목숨을 잃은 것은 가슴 아픈 일이었어요.
전쟁을 치르는 동안 농사를 짓지 않아 논과 밭도 엉망이 되었지요.
백성들은 가난했고 세금도 잘 내지 못해 나라 살림도 어려워졌어요.
백성들에게 가장 큰 고통은 무거운 세금이었어요.
그래서 나라에서는 백성들의 부담을 덜어 주기 위해 세금 제도를 고쳤어요.

✏️ 백성들에게 세금 문제를 해결해 주기 위해, 나라에서 실시한 대동법이 무엇인지 찾아 밑줄을 긋고, 큰 소리로 읽어 보세요.

당시에는 나라 살림에 쓰이는 옷감이나 음식 등 지방 특산품을
세금으로 냈는데, 백성들은 이 제도에 불만이 많았어요.
그 지역에서 나지 않는 특산물을 바치라고 하면 돈을 주고 사서 세금을 내야 했거든요.
그래서 나라에서는 백성들을 위해 특산품 대신에 쌀이나 옷감, 돈 등으로
세금을 내도록 하는 '대동법'을 실시했어요.
이 제도는 가지고 있는 땅의 크기에 따라 세금의 양이
정해지기 때문에, 땅이 없거나 얼마 되지 않은 백성들에게
환영을 받았어요.

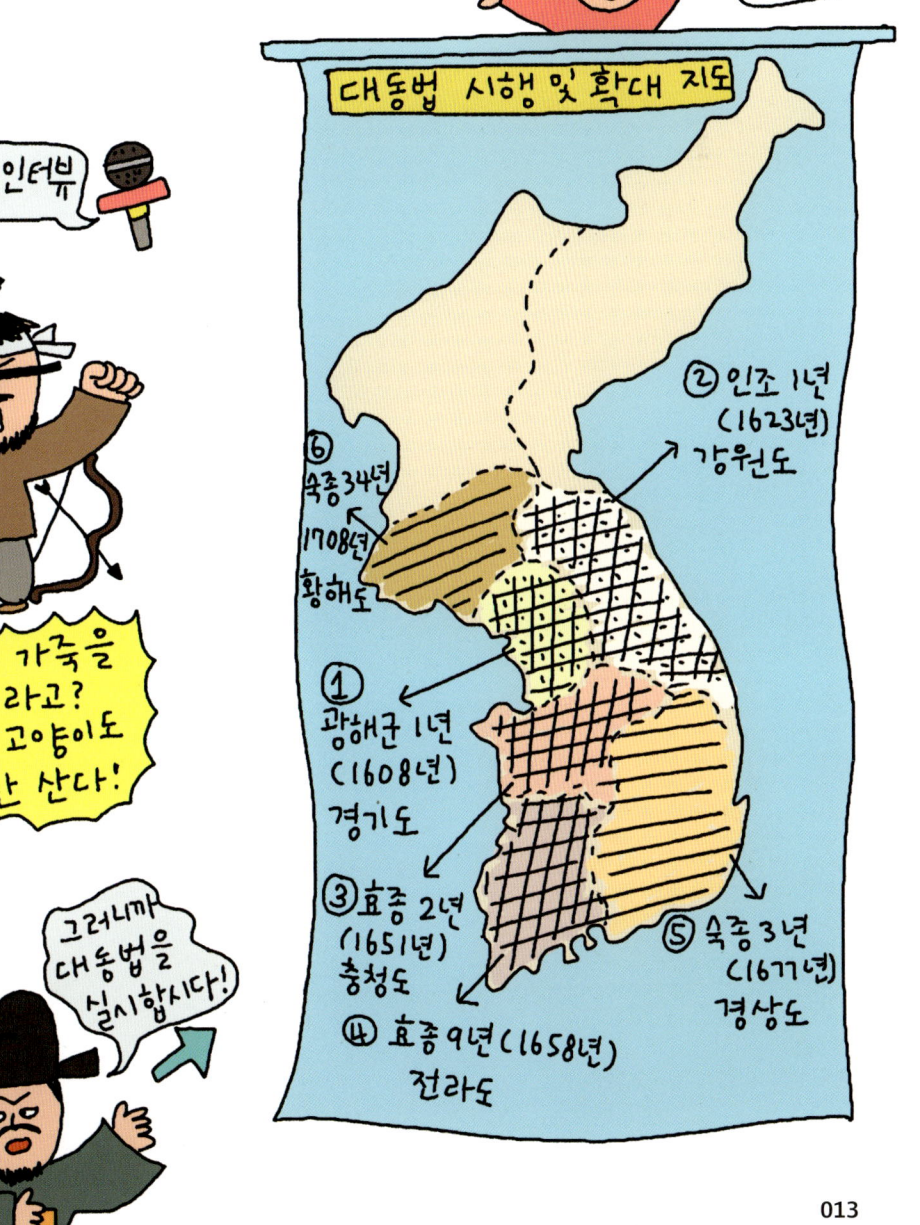

백성들의 상처를 어루만지다

전쟁으로 많은 백성들이 다치거나 병에 걸렸어요.
그러나 가난한 백성들은 의원에게 갈 수 없었고, 좋은 약재도 구할 수 없었어요.
그래서 나라에서는 백성들을 위해 주변에서 구하기 쉬운 약재를 알려 주고,
치료 방법도 소개해 주었어요.
이때 허준의 『동의보감』 같은 책이 백성들에게 많은 도움이 되었어요.
사람들은 그 책을 통해 병에 걸리고 난 다음에 치료하기보다
병을 예방하고 관리하는 것이 더 중요하다고 생각하게 되었어요.

✏️ 백성들에게 구하기 쉬운 약재와 치료 방법을 알려 주면 어떤 점이 좋은지
본문에서 찾아 밑줄 그어 보세요.

 우선 백성들의 굶주림을 해결하자!

나라에서는 백성들의 인원수와 땅을 조사하였어요.
나라 살림이 나아지려면 무엇보다 백성들이 잘 먹고 살아야 하니까요.
"어떻게 하면 백성들의 굶주림을 해결할 수 있을까?"
적은 사람들이 일해서 곡식을 많이 수확할 수 있는 방법을 찾아야 했어요.
여러 방법들 중에서 볍씨를 모판에 뿌려 모를 키운 다음에 논에 옮겨 심는 '모내기법'을 널리 퍼뜨리기로 했어요.

그런데 모내기법으로 벼농사를 짓는 일은 쉽지 않았어요.
모내기법은 물이 많이 필요한데, 비가 오지 않으면 농사를 망칠 테니까요.
"그래, 저수지를 만들자! 그러면 물을 충분히 댈 수 있어."
백성들은 거친 땅을 일구고, 농사에 필요한 물을 저장하기 위해
저수지를 만들었어요.

🔍 모내기법으로 농사를 지을 때 필요한 물을 저장하기 위해 만든 것을 그림에서 찾아보세요.

모내기법으로 농사짓기

농사를 지을 때 논밭에 난 잡초 뽑는 일을 '김매기'라고 해요.
농작물 사이에 아무렇게나 자라는 잡초를 뽑아내지 않으면,
농사를 망칠 수 있어요. 잡초를 뽑으려면 사람도 많이 필요하지요.
그런데 모내기법으로 벼농사를 지으면 잡초를 쉽게 뽑을 수 있었어요.
튼튼한 모를 골라 심을 수 있으니 벼가 튼튼하게 자라고,
심을 때 간격을 두니 잡초를 뽑기가 쉬웠어요.

🖉 모내기법으로 농사를 지으면 어떤 점이 좋은지 본문에서 찾아 밑줄 그어 보세요.

게다가 모내기법을 쓰면서 한 사람이 농사지을 수 있는 땅이 넓어져서
쌀을 더 많이 수확하게 되었어요.
수확량이 늘자, 모내기법이 전국으로 퍼져 나갔어요.
물을 쉽게 구할 수 있는 저수지 덕분에 물이 많이 필요한 벼농사도 문제없었고요.
일 년에 두 번 농사를 지어 곡식을 많이 수확하는 방법도 찾아냈어요.
서로 자라는 시기가 다른 농작물을 순서대로 심어 수확하는 방법이에요.
즉, 가을에 벼를 수확한 뒤에, 보리를 심어 다음 해 봄에 거두는 것이지요.

농사를 지어 부자가 된 농민들

벼농사에 일손이 적게 들자, 농민들은 비싼 값에 팔린다는
농작물에도 관심을 갖기 시작했어요.
인삼, 목화, 닥나무뿐만 아니라 외국에서 들여온
담배, 고구마, 감자, 고추 등이 시장에서 잘 팔렸어요.
이런 작물을 '상품 작물'이라고 해요.
그중에서 인삼과 담배가 인기가 좋았어요.
인삼과 담배는 재배하기가 까다로웠지만 벼농사보다 이익이
많이 남아서 돈을 더 벌 수 있었기 때문이에요.

호랑이 피우라고 상품 작물 담배를 재배한 건 아닐 텐데.

옛날이라고 해도 호랑이 담배 피우던 시절은 고작해야 400년 전이야.

어흥!

벼농사에 필요한 저수지 같은 시설이 많아지고 모내기법이 널리 퍼지자,
일꾼 없이 혼자서 농사지을 수 있는 땅이 점점 늘어났어요.
작은 땅이라도 가진 농민은 벼농사를 지어 돈을 벌었고,
그 돈으로 땅을 사서 상품 작물을 재배하여 또 돈을 벌었어요.
이제 농민 중에서 양반 못지않은 부자들이 생겨났어요.

상품 작물이 무엇인지 설명해 보세요.

땅을 잃은 가난한 농민들은 어디로

모내기법과 상품 작물로 모든 농민이 부자가 된 건 아니었어요.
땅이 없는 농민들은 농사지을 땅을 빌리기가 더 어려웠고,
일하려는 사람들이 많아서 일할 기회도 줄었지요.
빚이 있거나 한 해 농사를 망치면 양식을 마련하기 위해
땅을 팔아야 했기 때문에 농민이 부자가 되는 건 쉬운 일이 아니었어요.
부자인 농민보다 가난한 농민이 훨씬 더 많았어요.
농사를 지을 수 없게 된 농민들은 돈을 벌기 위해 고향을 떠났어요.

> 포구로 가서 열심히 일하면 가족을 배불리 먹일 수 있을 거야.

사람들이 붐비는 포구로 가 일자리를 알아보고,
큰 시장을 돌며 장사를 하거나, 광산에 가서 일하는 사람도 있었어요.
어디에 가서 무슨 일을 하든 농민들의 소망은 하나였어요.
굶지 않고 배불리 먹는 것이었어요.

*포구: 강이나 바다에서 배가 드나드는 곳을 말해요.

장사로 큰돈을 번 상인들

사람들은 곡식의 수확량이 크게 늘어나자, 먹고 남은 것은 시장에
내다 팔았어요. 또 팔 수 있는 상품 작물을 재배하면서
농산물을 사고파는 시장이 덩달아 커졌어요.
보통 5일이나 7일에 한 번 열리는 시장을 '장시'라고 해요.
장시에는 여러 곳을 떠돌며 물건을 파는 보부상이라는
상인들이 모여 들었어요.
장시가 크게 발달하자, 상평통보라는 돈이 널리 사용되기 시작했어요.
상평통보는 물건을 사고파는 데 편리할 뿐 아니라,
재산을 모으는 데에도 편리했어요.

상평통보(조선 시대 화폐)

장시는 주로 교통이 발달한 포구 주변에 들어섰어요.

갖가지 상품이 넘쳐나는 포구에는 물건 값을 흥정하는 사람들이 많아졌지요.

다른 지역에서 물건들을 싸게 사 와서 한양에서 비싼 값에 되팔아

큰돈을 버는 사람들도 있었어요.

그들은 객주를 열거나 중국이나 일본과 무역을 해 이익을 남기기도 하였어요.

＊**보부상**: 여러 곳을 떠돌며 물건을 파는 상인.
＊**객주**: 물건을 맡아 팔거나 흥정을 붙여 주는 일을 하던 상인 또는 그런 집.

가난해진 양반들

조선 시대 신분 제도가 흔들리기 시작했어요.
농사를 지어 돈을 번 농민, 장사를 해서 이윤을 남긴 부자 상인들이 생겼어요.
한편, 전쟁을 거치면서 재산을 잃었거나 오랫동안 벼슬길에
오르지 못해 가난해진 양반들도 생겼어요.
가난한 양반들은 서당을 열어 아이들을 가르치거나
농사를 지으며 품을 팔아 겨우 먹고살았어요.

김홍도가 그린 「자리 짜기」라는 그림을 한번 보세요.
일하는 아버지와 어머니, 책을 읽는
아이의 모습이 그려져 있어요.
고드랫돌을 옮겨 가며 자리를 짜고 있는
아버지가 쓰고 있는 모자는 사방관이라고 해요.
양반이라는 신분을 알 수 있어요.
양반이지만 가난해서 일을 해야만
살아갈 수 있었음을 알 수 있어요.

* **고드랫돌**: 발이나 돗자리 따위를 엮을 때, 날을 감아 매어 늘어뜨리는 조그마한 돌.
* **사방관**: 망건 위에 쓰는 네모난 관.

김홍도, 「자리 짜기」

🔍 그림에서 양반들이 쓰던 사방관을 찾아보세요.

돈을 주고 양반의 신분을 살 수 있다고?

나라에서는 전쟁으로 바닥이 드러난 나라 살림을 채우기 위해 공명첩을 만들었어요. 공명첩은 나라에서 돈이나 곡식을 받고 벼슬을 파는 벼슬 임명장이에요. 공명첩에는 이름 적는 곳이 비어 있었어요. 부자가 된 상민들은 공명첩을 돈으로 산 다음, 자기 이름을 넣어 양반 신분으로 바꿨어요. 상민이 양반이 되는 방법을 나라가 만들어 준 거예요.

공명첩이 무엇인지 말해 보고, 실제 공명첩도 살펴보세요.

1849년 4월에 장운길이라는 사람에게 통훈대부 군자감정이라는 벼슬을 준다는 내용으로, 사람의 이름을 나중에 넣어 문서를 위조한 공명첩.

가난한 양반의 신분을 사서 양반이 되는 사람들도 있었어요.

양반의 수가 점점 늘어나자, 양반을 대놓고 무시하는 사람들이 있었어요.

양반이 된 상민들 중에 양반 행세가 불편한 사람들은 멀리 이사를 가기도 하였어요.

이렇게 상민의 수는 줄어들고, 양반의 수는 크게 늘어났어요.

그런데 양반들은 세금을 내지 않았기 때문에 나라 살림은 더 어려워졌지요.

장사로 큰돈을 번 김만덕

전국 곳곳에서 상공업이 발달하자, 여자 중에도 큰 부자가 된 상인이 있었어요. 제주도에 살았던 김만덕이에요.

김만덕은 어릴 적에 부모님을 잃고 기생이 되었지만, 어른이 되어 기생의 신분에서 벗어났어요.

제주 특산품을 뭍에 팔고, 뭍에서 쌀과 비단을 사들여 이익을 남기며 돈을 모으기 시작했어요.

김만덕은 하는 장사마다 성공해서 제주도에서 소문난 부자가 되었어요.

한 많고 눈물 많은 여인들의 이야기

고려 시대와 조선 전기까지만 해도 여성은 차별받지 않았어요.
재산도 상속받을 수 있고, 제사도 지냈으며, 재혼도 할 수 있었어요.
그런데 두 번의 전쟁을 겪고 조선 후기에 이르는 동안 달라졌어요.
사회를 안정시키기 위해 유교 질서를 단단히 잡겠다는 목적으로
남녀가 다르다고 강조하기 시작한 거예요.
부모의 재산은 대부분 맏아들에게 물려주고, 제사도 맏아들이 지냈어요.
여자들은 어려서부터 집 밖으로 나가면 안 되며, 주로 집안일을
도맡아 했어요. 아무리 뛰어난 재주와 능력이 있어도
제대로 펼칠 수 있는 기회가 적었지요.

암탉이 울면 집안이 망해!
자식을 키우고 살림을 하는 게
여자의 일이야!

꼬끼오~

조선 시대 때는
저런 말을
했구나.

요즘은
저런 말
하지 않아!

그뿐만이 아니었어요.

결혼한 여자가 아들을 낳지 못하면 남편은 다른 아내를 둘 수 있었어요.

아내는 다른 아내를 질투해서는 안 됐고요.

남편이 죽으면 재혼은커녕 따라 죽으라는 강요를 받기도 했고,

결혼한 뒤에는 부모님이 보고 싶어도 가서 만나기가 어려웠어요.

여자들은 힘들고 외로운 날들을 바느질을 하며 마음을 다스렸다고 해요.

🖍 조선 시대 때 여성들이 차별을 받게 된 이유를 본문에서 찾아 밑줄 그어 보세요.

단원 정리

 역사 용어

- **대동법**
  특산물 대신 쌀이나 옷감, 돈 등으로 세금을 내도록 하는 법.
- **모내기법**
  모판에 볍씨를 뿌려 키운 모를 논에 옮겨 심는 농사 방법.
- **상품 작물**
  인삼, 담배, 고구마, 고추 등 비싼 값으로 팔 수 있는 농작물.
- **상평통보**
  물건을 사고파는 데 사용한 화폐.
- **공명첩**
  나라에 돈과 곡식을 바치는 사람에게 벼슬이나 신분 상승을 보장해 주는 벼슬 임명장.

 역사 인물

임상옥
조선 후기 중국과 인삼 무역을 개척한 상인. 많은 재산을 모은 후, 남은 여생을 굶주리고 물난리를 겪는 등 어려운 백성들을 도우며 살아감.

김만덕
장사를 해서 돈을 많이 벌고, 전국적으로 유명해진 제주도 출신의 여성 기업가. 제주도에 흉년이 들자, 전 재산을 털어 육지의 곡식을 구매하여 굶주리는 백성들을 살려냄.

 역사 생각

조선 후기에 모내기법을 농사를 지은 이유는 무엇인가요?

임진왜란, 병자호란 등 큰 전쟁으로 많은 백성들이 목숨을 잃어 농사지을 일손은 모자랐고, 땅은 농사를 짓기가 어려울 정도로 황폐했어요. 이런 상황에서 백성들은 늘 굶주림에 시달려야 했지요. 모내기법은 일손이 적게 들고 수확량은 많이 늘릴 수 있는 농사법으로, 당시 큰 도움이 되었어요.

조선 후기에 상평통보는 어떻게 쓰였을까요?

곡식의 수확량이 늘어나자 먹고 남은 것을 시장에 내다 팔게 되었고 장시가 발달했어요. 그러다 보니 물물교환으로 거래하는 것이 불편했어요. 물건을 사고팔 때 물건의 가치를 대신할 화폐가 필요했지요. 숙종 때 상평통보가 널리 사용된 후, 화폐 사용을 활발히 하기 위해 백성들에게 이를 적극적으로 알렸어요. 상평통보는 물건을 거래할 때뿐만 아니라, 저축하고 재산을 모으는 데도 효과적으로 쓰였답니다.

 역사 장소

한국조폐공사 화폐박물관
경제 활동을 위해 사용되었던 화폐와 관련된 유물들을 연구, 전시하는 곳. 우리나라 최초의 화폐 전문 박물관으로 종류별, 시대별로 구분되어 있는 화폐를 볼 수 있고, 화폐의 역사도 알 수 있음. 우리나라 화폐가 어떻게 만들어지는지, 어떤 종류가 있는지도 볼 수 있음.

김만덕기념관
대한민국 최초의 나눔 문화 전시관. 조선 시대, 여성으로서 거상이 되어 굶주린 백성들을 위해 자신의 재산을 나눠 준 훌륭한 김만덕의 정신을 알리기 위해 지어짐. 200년 전 김만덕 객주의 모습을 재현한 현대판 객주와 주막을 돌아보고 제주도 향토 음식도 맛볼 수 있음.

 확인하기

01 임진왜란과 병자호란 이후 백성들의 굶주림을 해결하기 위해 달라진 농사법은 무엇일까요? 빈칸에 각각 알맞은 말을 써 보세요.

> 나라에서는 논에 바로 볍씨를 뿌려 벼를 기르는 대신, 모판에 볍씨를 뿌려 모가 자라면 논에 옮겨 심는 (　　　　)을 널리 퍼뜨렸어요. 이 방법을 위해서는 물이 충분해야 해서 (　　　　)도 만들었어요.

02 허준이 쓴 『동의보감』에 들어 있는 내용은 무엇일까요?
① 궁중 요리 비법　　　　② 체했을 때 쓸 약재
③ 양반 가문의 조상들 이름　　④ 상품 작물을 재배하는 법

2장
백성이 잘살아야 나라가 산다!

이제 조선은 백성들을 위해 무엇을 해야 할지 방법을 찾기 시작했어요.
백성들에게 실제로 도움을 줄 수 있도록 새로운 문물을 받아들이고
삶의 문제를 해결할 수 있는 공부가 필요하다고 생각했지요.
그렇게 실제로 쓰임이 있는 공부를 실학이라고 해요.
중국에서 벗어나 우리 것을 찾아야 한다는 생각도 했지요.
실학을 하는 조선의 학자들은 어떤 사람들이었을까요?
그 실학자들은 어떤 일을 해내고 무엇을 발명했을까요?
또한 이런 변화가 종교에 어떤 영향을 끼쳤는지도 함께 알아보기로 해요.

1780년
박지원, 연행사의 수행원으로 중국 열하를 여행하고 견문록을 씀.

1765년
홍대용, 청나라 북경을 다녀온 후 자연 과학책을 씀.

1784년
이승훈, 북경에서 세례를 받고 돌아와 천주교를 전도함.

1794년
정약용, 암행어사로 나가 백성들의 삶을 두루 살핌.

 청나라에 다녀온 사신, 연행사

병자호란의 영향으로 조선은 청나라의 많은 요구를 받아들여야만 했어요.
조선은 예의를 갖춰 청나라에 사신을 보냈어요.
청나라 황제는 조선과 사이좋게 지내겠다고 약속했어요.
조선과 청나라는 활발하게 교류할 수 있게 되었어요.
당시에 청나라 수도 연경에 보낸 사신들을 '연행사'라고 불렀어요.
연행사에는 학자와 상인들도 있었어요.

***교류**: 서로 오가며 문화나 사상 따위를 서로 통하게 하는 것.

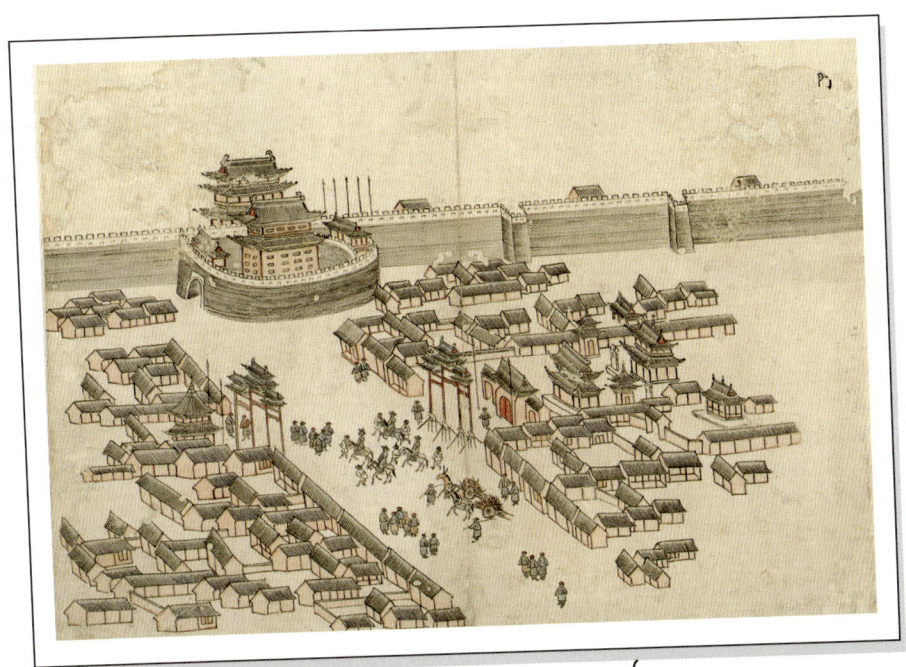

「연행도」 제7폭
조선의 연행사들이 청나라의 수도 연경에 들어가는 모습이에요.

연경에 도착한 조선의 사신들은 깜짝 놀랐어요.
청나라가 그렇게 잘사는 나라인 줄 몰랐거든요.
바둑판처럼 반듯한 도로에는 물자를 가득 실은 수레가 아주 많았고,
벽돌로 지은 단단한 집들이 쭉쭉 늘어서 있었어요.
연경의 거리에는 세상 온갖 물건이 넘쳐 났어요.
조선의 사신들은 연경 시내를 바쁘게 돌아다녔어요.
조선보다 앞선 청나라의 문물을 제대로 배워 가겠다는 마음뿐이었지요.
그들은 신기한 물건과 문화를 구경하며 조선도 하루빨리 변해야 한다고 생각했어요.
특히 학자들은 상공업을 발달시키기 위해 청나라와의 무역을 활발히 하자고 주장하며,
발전된 문화를 받아들이기 위해 노력하였어요.

연행사란 어떤 사람을 말하는지 본문에서 찾아 큰 소리로 읽어 보세요.

서양에서 온 새로운 문물

연행사는 청나라의 다양한 선진 문물을 가지고 조선으로 돌아왔어요.
조선 사람들은 연행사가 가져온 천리경을 보고 깜짝 놀랐어요.
"천리 밖의 풍경을 가깝게 볼 수 있다는 게 정말이요?"
먼 거리의 세상을 가깝게 보자, 세상에 대한 사람들의 생각이 한층 더 넓어졌어요.
때가 되면 시간을 알려 주는 자명종은 기계와 기술의 중요성을
알게 해 주었고요. 사람들은 발달된 문물을 받아들여서
조선을 발전시켜야 할 필요성을 깨달았어요.

＊**문물**: 정치, 경제, 종교, 예술 등 문화에 관한 모든 것을 말함.

1602년 이탈리아인 선교사 마테오 리치가 중국에서 만든 곤여만국전도라는
세계 지도가 있어요. 이를 조선에서 다시 그려서 많은 사람들이 보게 되었어요.
조선 사람들은 그 지도를 통해 유럽과 아프리카, 아메리카를 알게 되었고,
지구는 둥글고 세상이 정말 넓다는 것까지 깨달았어요.
조선은 그동안 세상의 중심이 중국이라고 생각했어요.
세계 지도를 그릴 때 중국을 한가운데 크게 그린 것만 봐도 알 수 있어요.
하지만 세계 어디나 중심이 될 수 있다는 생각을 하게 되었답니다.

✎ 이탈리아인 선교사 마테오 리치가 중국에서 만든 지도 이름을 찾아 동그라미 해 보세요.

곤여만국전도(어람용)
숙종의 어명으로 임금이 보기 위해
조선에서 다시 그려진 곤여만국전도.

춥고 배고픈 백성들을 도와주는 학문

사람들이 세상을 바라보는 생각이 변화하기 시작하자,
배우던 학문도 달라졌어요.
그동안 조선의 학자들은 "나라의 근본은 백성이며,
왕은 백성이 편안하게 살도록 나라를 다스려야 한다."고
가르치는 성리학을 공부했어요.
하지만 백성들의 삶을 편안하게 해 주는 역할을 하기에는 부족했어요.
돈으로 양반 신분을 사는 사람들까지 많아지자,
가난한 백성들은 자신들의 욕심만 채우는 벼슬아치들과
신분을 산 양반들에게 무시당하고 땅까지 빼앗기면서
점점 더 힘들게 살아야만 했어요.

백성에게 쓸모 있는 공부가 진짜 학문이지!

바깥세상에 눈을 뜬 사람들은 백성을 살리고
나라를 튼튼하게 해 주는 학문이 필요하다고 주장하기 시작했어요.
백성들의 삶과 춥고 배고픈 현실 문제를 해결할 수 있는 학문이
절실하게 필요하다고 생각했지요.
그렇게 발전한 학문을 '실학'이라고 해요.

✏️ 백성들의 현실 문제를 해결해 주는 학문을 무엇이라고 부르는지 본문에서 찾아서 동그라미 해 보세요.

백성이 잘 살아야 한다!

실학은 백성들의 생활에 직접 도움이 되는 아주 실용적인 학문을 말해요.
이 학문을 공부한 사람들을 실학자라고 해요.
실학자들은 백성이 잘살고, 나라가 부강해지는 방법을 연구하였어요.
어떤 실학자는 백성들에게 새로운 농사 기술을 널리 가르치고,
농사짓는 백성에게는 땅을 주자고 하였어요.
농민들이 넉넉해져야 나라 살림도 풍요로워질 테니까요.
또 어떤 실학자는 청나라의 문물을 적극적으로 받아들여
상업과 공업을 발달시켜야 한다고 주장하였어요.
상업이야말로 백성과 나라를 이롭게 한다고 생각한 거예요.

🖉 실학은 어떤 학문인지, 실학자는 어떤 사람인지 본문에서 찾아 밑줄 그어 보세요.

어떤 실학자들은 우리 것을 연구하기 시작했어요.
그동안 조선의 많은 학자들은 중국을 보고 배웠어요.
하지만 청나라와 서양의 새로운 문물을 본 학자들은
조선도 세상의 중심이 될 수 있다고 믿으며 우리 것을 탐구했어요.
우리 글, 땅, 자연, 역사 등 조선의 눈으로 세상을 보기 시작했어요.
실학자들은 신분 제도를 비판하기도 했어요.
양반과 상민의 차별을 없애고 노비를 해방시켜 백성들에게도 공부할
기회를 주고, 우수한 인재에게는 벼슬을 내려야 한다고 주장하였어요.

 상업이 발달해야 잘 산다!

조선의 여러 실학자들 중에서 대표 실학자인 박지원에 대해 알아볼까요?
박지원은 연행사를 따라 청나라에 다녀왔어요.
그때 보고 듣고 느낀 것을 쓴 책이 바로 『열하일기』예요.
이 책에서 박지원은 바른 마음을 가지려면 우선 생활이 넉넉해야 하며,
물건을 제대로 써야 한다고 말했어요. 박지원은 벽돌과 수레가
백성들의 생활을 편리하게 해 주는 쓸모 있는 물건이라고 생각했어요.
우선 벽돌은 네모반듯하고 크기가 같아서 쉽고 빠르게 집을 지을 수 있어요.
나무나 흙으로 집을 지으려면 시간과 돈이 많이 들었거든요.

수레는 어디에 쓸모가 있을까요?
장사를 하려면 사고팔 물건을 손쉽게 나를 수 있어야 해요.
지게로 물건을 나를 때 울퉁불퉁한 길을 가면 시간과 힘이 많이 드니까요.
수레를 이용하면 무거운 짐을 거뜬히 옮길 수 있고,
길을 평평하게 잘 닦아 놓으면 전국 방방곡곡으로 물건을 나를 수 있지요.
박지원은 사람과 물자가 자유롭고 손쉽게 이동하면 상업이 발달하고,
백성들이 잘살 수 있다고 주장했어요.
박지원의 『열하일기』가 세상에 알려지자, 많은 사람들이 이 책을 읽고
박지원과 뜻을 같이했어요.
조선 사회의 문제점을 꾸밈없이 쓴 박지원의 글을 좋아하는 사람도 많았고요.
그런데 양반들 중에는 『열하일기』가 제멋대로 쓴 글이라며 비판하는 사람도 있었어요.
결국 왕은 박지원에게 "내 맘대로 쓴 글로 사람들을 그르쳤다."라고 쓴
반성문을 내라고 명령했어요.

연암집
박지원이 쓴 시와 글을 모아 놓은 책. 「허생전」이 수록된 『열하일기』 등이 있음.

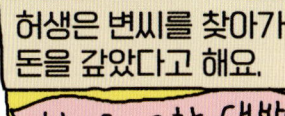

백성에게 땅을 주자!

정약용은 성균관에 다닐 때부터 글재주가 뛰어나 정조의 관심과 사랑을
받았어요. 정약용이 과거에 합격해 벼슬길에 오르자, 정조는 나랏일을
마음껏 할 수 있도록 해 주었어요. 얼마 뒤에 정약용은 암행어사가 되었어요.
암행어사는 임금의 특별한 명령을 받아 못된 관리들을 찾아내고,
백성의 어려움을 살피는 일을 맡았던 임시 벼슬이에요.
여러 고을을 다니게 된 정약용은 탐관오리들에게 시달리고
가난에 힘들어하는 백성들을 보며 마음이 아팠어요.
그는 백성을 위한 진짜 학문을 연구해야겠다고 결심했어요.

＊**탐관오리**: 백성을 괴롭히고 재물을 탐내어 빼앗는 못된 관리.

정약용은 백성들이 땅이 없어서 가난한 것이라고 생각했어요.
농사도 짓지 않는 양반들이 땅을 다 차지하고,
정작 농사짓는 백성들은 작은 땅 한 뙈기도 가진 것이 없었어요.
정약용은 농사짓는 사람에게 땅을 나눠 주어야 하고,
일을 한 사람이 수확물을 그만큼 가져야 한다고 생각했어요.
땅을 가진 농민이 많이 늘어나야 나라가 안정되고,
나라 살림이 넉넉해지면 백성들은 더 열심히 일할 테니까요.

* **뙈기**: 논밭을 나누어 놓은 단위.

✏️ 임금의 특별한 명령을 받아 못된 관리들을 찾아내고,
백성의 어려움을 살피는 일을 맡았던 임시 벼슬을 찾아서 동그라미 해 보세요.

# 정약용은 무슨 책을 썼을까?

정약용이 정조에게 사랑을 받자, 다른 신하들은 그를 못마땅하게 여겼어요.
틈만 나면 정약용을 모함하고 트집을 잡아 공격하였어요.
정조가 죽은 뒤 정약용을 보호해 줄 사람이 없게 되자,
정약용은 죄가 없음에도 18년 동안 귀양살이를 했어요.
외롭고 힘든 귀양살이에도 그는 절망하지 않았어요.
정약용은 세상을 바로잡아 백성이 잘사는 나라를 만들기 위해
공부하고 또 공부했어요.
귀양살이가 끝난 후 집에 돌아와서도 그의 공부는 멈출 줄 몰랐어요.
그렇게 쓴 정약용의 책이 약 500권이에요.

* **귀양**: 죄인을 먼 시골이나 섬으로 보내어 정해진 곳에서만 살게 하던 벌.

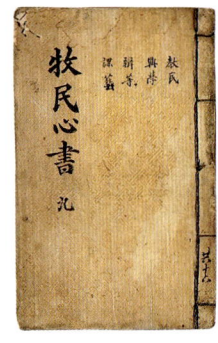 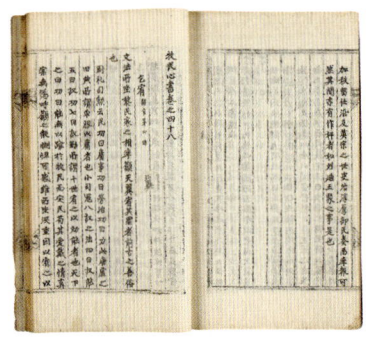

정약용, 『목민심서』

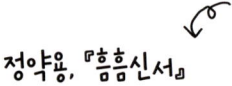 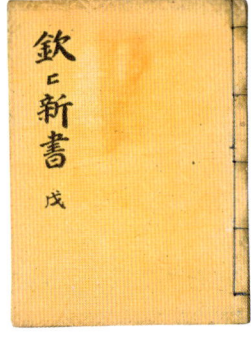 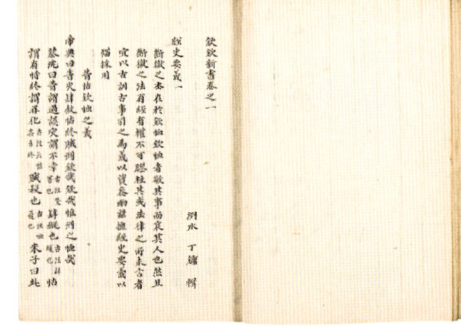

정약용, 『흠흠신서』

정약용은 『목민심서』에서 고을의 관리들이 임금을 대신해 어질고 바른 마음으로 백성을 돌보고 다스려야 한다고 말했어요. 백성이 관리들을 위해 태어난 것이 아니라, 관리들이 백성을 위해 있어야 한다고 생각했기 때문이에요.
『기예론』에서는 기술의 중요성에 대해서 설명했어요. 정약용은 중국의 기술은 나날이 발전하는데, 조선은 옛날 방식에 머물러 있는 것을 안타까워했지요. 정약용은 거중기와 녹로같이 무거운 물건을 들어올리는 기계도 만들었어요.
나라의 법과 형벌 제도를 정리하여 쓴 『흠흠신서』에서는 억울하게 누명을 쓰는 백성이 없도록 제도를 고쳐야 한다고 주장했어요.

> 정약용이 쓴 책 중에서 고을의 관리들이 임금을 대신해 어질고 바른 마음으로 백성을 돌보고 다스려야 한다고 쓴 내용의 책 제목을 말해 보세요.

중국에서 벗어나 조선의 것을 찾다

중국에서 벗어나 세상을 바라보자 우리 것이 보였어요.
학자들은 우리 역사를 연구하는 데 노력을 기울였지요.
안정복은 고조선부터 고려까지 오랜 우리 역사를 정리했어요.
특히 유득공은 잃어버린 발해의 역사적 중요성에 대해 말했어요.
우리 역사의 무대가 고구려와 발해의 옛 땅인 중국의
동북부까지였다는 사실을 사람들에게 알렸지요.
여자나 아이들이 배우는 소리글자라고 푸대접 받던 한글을
연구하는 실학자도 있었어요. 신경준은 한글의 초성, 중성, 종성 원리를
그림으로 설명하고, 한글이 얼마나 뛰어난 글자인지 알렸어요.

퀴즈 시간 내 이름을 맞혀 봐!

- 나는 고조선의 역사를 탐구했지. 안 ○○
- 발해가 우리 역사에 존재했던 사실을 잊으면 안 돼. 유 ○○
- 내가 초성, 중성, 종성을 알려 주겠네. ○○○

✏ 빈칸에 실학자의 이름을 완성해 보세요.

우리나라의 자연을 알고자 노력하는 실학자도 있었어요.
정약전은 우리 물고기에 대해 연구하였어요. 흑산도 근처로 귀양을 간
정약전은 주변 바다에 다양한 물고기가 산다는 사실을 알았어요.
그런데 같은 물고기를 섬마을마다 제각기 다른 이름으로 불러서
어부들이 많이 불편했어요. 정약전은 우리 바다의 물고기와 바다짐승,
해초류 들을 관찰하고 분류하였어요.
이미 다른 책에 나와 있는 내용보다는 실제로 보고 듣고
공부하여 알게 된 내용을 『자산어보』라는 책으로 정리하였어요.

화가들이 그림을 그리는 방식도 달라졌어요.
예전의 화가들은 중국의 그림을 따라 그리며 그림 공부를 하였어요.
그래서 조선 화가가 그린 그림인데 중국 그림 같았지요.
화가 정선은 중국과 다른 우리 산과 강을 소재로 그림을 그렸어요.
이러한 그림을 '진경 산수화'라고 해요.

우리 땅을 연구하고 공부하다!

조선 후기에는 땅이나 지도, 그리고 우주의 이치를 연구하고 공부하는 사람들이 많아졌어요.
그들은 책을 쓰거나, 과학적이고 자세한 지도를 만들어 새로운 생각을 펼쳤지요.
청나라의 선진 문물을 배우고 온 홍대용은 그 경험을 바탕으로 『의산문답』이라는 책을 쓰고, 사람들이 믿어 왔던 사실들과 다른 주장을 내세웠어요.
홍대용은 그 당시 사람들에게 '지구가 하루에 한 번 돈다', '모두가 중심이 될 수 있다'는 등의 새로운 주장을 말했어요.
"중국인은 중국을 중심으로 삼고 서양을 변두리로 삼으며, 서양인은 서양을 중심으로 삼고 중국을 변두리로 삼는다. 그러나 하늘을 이고 땅을 밟는 사람이라면 누구나 다 그렇듯이, 결국 중심도 변두리도 없이 모두가 중심이다."

우주의 관점에서 생각을 해야지.

홍대용

이중환은 우리 땅에 대한 자연환경과 인물, 풍속, 인심 등을 잘 정리하여 『택리지』라는 책을 썼어요. 정상기는 최초로 축척을 사용하여 「동국지도」를 만들었어요. 사람들은 이 지도를 보고 실제 거리를 짐작할 수 있었어요. 김정호는 비행기나 인공위성이 없던 시절에 오늘날의 지도와 별 차이가 없는 정확한 지도, 『대동여지도』를 만들었어요. 『대동여지도』는 그림이 아닌 목판 인쇄본이며 여러 장으로 이루어진 지도예요. 또 22책으로 되어 있어서 필요한 부분만 가지고 다니거나 보관하기가 편리했어요. 축척과 기호뿐만 아니라 각 지역에 대한 설명도 들어 있어, 사람들이 우리 땅에 대해 관심을 갖고 더 자세히 알게 되었어요.

* **축척**: 지도에서의 거리와 실제 거리와의 비율.

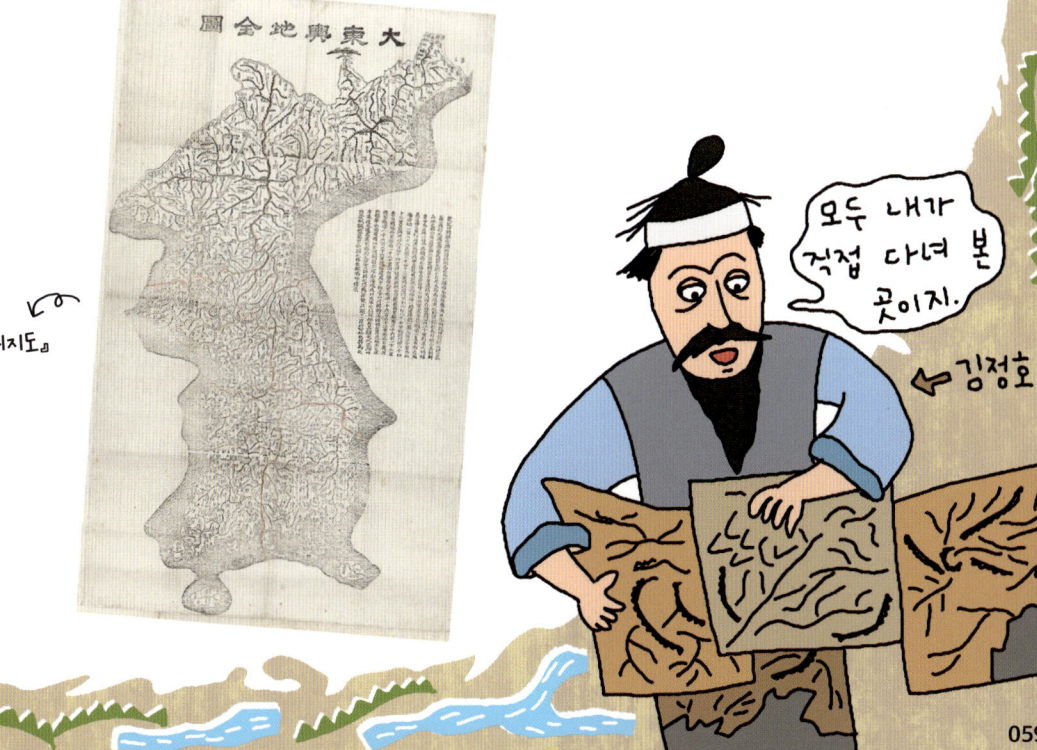

김정호, 『대동여지도』

 박해를 당한 천주교와 사람들

세상이 빠르게 변하자 새로운 종교가 나타났어요. 바로 '서학'이에요.
서학은 넓은 의미로는 청나라에서 들여온 서양 사상과 문물을
의미하고, 좁은 의미로는 천주교를 뜻해요.
서학은 학문을 넘어 차츰 신앙으로 받아들여지기 시작했어요.
천주교는 하느님 앞에서 모두가 평등하다고 가르쳤어요.
신분 질서가 엄격했던 조선 시대 때 늘 차별당하고 무시당하며
살아 온 사람들에게는 깜짝 놀랄 만한 이야기였지요.
평소 서학과 천주교에 관심이 많았던 이승훈은 중국에서
세례를 받고 조선으로 돌아와 교회를 세웠어요.
일부 학자들만 믿었던 천주교가 일반 백성들에게 널리 퍼져 나갔어요.

* **세례**: 죄를 용서받고 교회의 일원이 되어 교회 생활에 참여할 자격을 주는
교회의 예식. 물로 씻는 예절을 통하여 이루어짐.

천주교를 믿는 사람들이 많아지면서,
조상에게 제사를 지내지 않는 사람들도 생겨났어요.
모두가 평등하다, 제사를 지내면 안 된다는 등의
천주교 교리는 조선의 신분 제도와
유교 예법에 맞지 않았어요.
나라에서는 천주교를 믿지 못하게 했어요.
천주교를 믿는다는 이유로 크게 다치거나
죽임을 당하는 일도 있었어요.
정약용과 둘째 형 정약전은 귀양살이를 가고,
셋째 형 정약종과 그의 매형 이승훈은
죽임을 당했어요.

 ## 백성들에게 널리 퍼진 신앙

조선 후기에 여성들은 많은 차별을 받으며 살았어요.
그런 이유로 하느님 앞에서 모두 평등하다는 천주교의 가르침을
더 열심히 따르며 새로운 세상에 대한 희망을 품었어요.
나라에서 금지한 천주교를 믿다가 고문을 당하거나 죽는 사람도 있었지만,
프랑스에서 천주교 성직자인 신부가 조선에 들어오면서
천주교는 걷잡을 수 없을 정도로 빠르게 널리 퍼져 나갔어요.

가난한 백성들은 먹고살기 힘들고 세상살이에 지친 나머지,
혼란스럽고 힘든 세상이 어서 끝나고 새로운 세상이
오기를 간절하게 바랐어요. 그래서 많은 종교들이 생겨났고,
백성들은 새로운 종교를 적극적으로 받아들였어요.
세상이 달라지면 아이들이 살아갈 세상은 지금보다 나아질 거라는
기대를 하면서요.

조선 후기, 여성들이 천주교를 더 열심히 믿고 따랐던 이유를 본문에서 찾아 말해 보세요.

단원 정리

알다 — 역사 용어

연행사
병자호란 이후 조선과 청나라의 교류를 위해 청나라에 다녀온 사신.

실학
이론에 치우친 학문이 아닌, 백성들에게 실제로 쓸모가 있는 것을 연구해야 한다고 주장한 학문.

서학
조선에 들어온 서양 사상이나 문물을 의미하며, 좁은 의미로는 천주교를 뜻함.

만나다 — 역사 인물

홍대용
조선에서 최초로 지구가 하루에 한 번 돈다고 주장한 사람.

이승훈
중국에서 세례를 받고 조선에 교회를 세운 인물이며, 정약용의 매형. 천주교를 믿었다는 이유로 죽임을 당함.

김정호
호는 고산자. 조선 후기 대표적 지리학자이며 지도를 만든 사람. 우리나라의 대축척 지도인 「대동여지도」를 완성했음.

보다 — 역사 유물

『연암집』

『열하일기』

박지원이 쓴 책들
실학자 박지원은 연행사로 청나라에 다녀온 후, 조선의 현실을 비판하고 풍자하면서 새로운 세상에 대한 바람을 소설로 썼어요. 쓴 소설로 『방경각외전』에 있는 「양반전」, 『열하일기』에 있는 「허생전」 등이 있어요. 이외에도 박지원의 시문집 『연암집』이 있어요. '연암'은 박지원의 호예요.

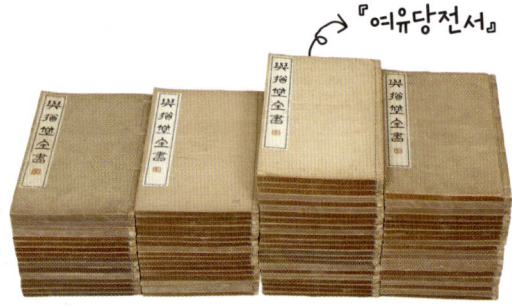
『여유당전서』

정약용이 쓴 책들
실학자 정약용은 약 500권의 책을 썼는데, 대부분 19년 동안 유배 생활을 하며 다산초당이라는 작은 집에서 썼다고 해요. 그중에서 『목민심서』, 『흠흠신서』, 『경세유표』가 대표 작품이에요. 정약용의 모든 책들을 엮은 것이 『여유당전서』예요. '여유당'은 정약용의 생가 이름이고, '전서'는 한 사람이 쓴 글을 모아 한 질로 만든 책을 뜻해요.

역사 생각 궁금하다!

조선에서 천주교를 금지한 이유는 무엇일까요?
천주교는 하느님 앞에서 모두가 평등하며, 조상에게 제사를 지내지 못하게 했어요. 이는 조선의 신분 제도와 예법을 무너뜨리는 일이기 때문에 백성들이 믿지 못하게 한 거예요.

가다 역사 장소

실학박물관
실학을 주제로 한 국내 유일의 박물관. 실학의 대표 학자인 정약용 선생의 생가와 묘소가 있음. 실학 관련 유물과 자료를 전시하고 있으며, 조선 후기 대표적인 실학자들을 만날 수 있음.

한국천주교순교자박물관
1866년 병인박해 때 순교한 천주교인의 신앙과 얼을 널리 알리기 위하여 절두산순교기념관으로 개관한 뒤, 한국천주교순교자박물관으로 이름을 바꿈. 한국천주교회 역사의 유물들이 전시되어 있음.

 확인하기

01 임진왜란과 병자호란을 치른 이후 조선을 개혁하고자 연구한 학문은 무엇일까요? 빈칸에 들어갈 말을 보기에서 찾아 쓰세요.

> 보기 ①성리학 ②동학 ③실학 ④유교

백성들에게 실제로 쓸모가 있는 것을 연구해야 한다는 주장이 (　　　)의 핵심이다.

02 다음은 어떤 실학자를 설명하는지 빈칸에 알맞은 이름을 쓰세요.

① 벽돌과 수레의 적극적인 사용과 상공업의 발달을 주장하고 『열하일기』를 쓴 실학자는 (　　　)이다.
② 농사짓는 백성에게 땅을 주어 생활을 안정시키자고 주장하고 『목민심서』를 쓴 실학자는 (　　　)이다.

03 지도의 이름과 알맞은 설명을 연결하세요.

1) 대동여지도 ●　　　　● 가) 서양에서 전래된 세계 지도
2) 동국지도 ●　　　　● 나) 정상기, 최초의 축척 사용
3) 곤여만국전도 ●　　　　● 다) 김정호, 목판 인쇄본, 22책, 축척과 기호

풀이 | 01 실학 02 ① 박지원 ② 정약용 03 1)-다), 2)-나), 3)-가)

3장
영조와 정조, 조선을 개혁하다!

나라를 다스리기 위해 붕당 정치가 이뤄지고 있었어요.
그런데 각자 생각이 달라 서로 싸우는 일이 많았어요.
조선은 점점 혼란에 빠졌어요.
이런 혼란스러운 상황에서 영조가 왕이 되었어요.
영조는 백성들을 위해 나라가 바뀌어야 한다고 생각했어요.
그는 나라를 바로 세우기 위해 여러 가지 제도를 고쳐 나갔어요.
영조의 뒤를 이어 왕이 된 정조 역시 백성들을 위해 많은 변화를 시도했어요.
영조와 정조가 백성들을 위해 어떤 일을 했는지 살펴볼까요?

1727년
박문수, 영남에 어사로 파견되어 백성들의 삶을 보살핌.

1725년
영조, 탕평책을 실시함.

1750년
영조, 균역법을 실시하여 백성들의 군역 부담을 덜어 줌.

1762년
사도 세자, 아버지 영조의 명령으로 뒤주에 갇혀 죽음.

1771년
영조, 신문고를 다시 설치해 백성의 목소리에 귀 기울임.

1776년
정조, 조선의 왕실 도서관이자 연구 기관인 규장각을 만듦.

1795년
정조, 어머니 혜경궁 홍씨를 모시고 8일 동안 수원 화성에 행차함.

1796년
정조, 수원 화성을 완성함.

나라를 다스리기 위해 편을 가르다

임진왜란이 일어나기 전 신하들은 붕당을 이루어 나랏일을 하였어요.
붕당은 학문이나 나랏일에 같은 뜻을 가진 사람들의 무리를 말해요.
임진왜란과 병자호란을 겪은 후 조선은 전쟁의 상처를 극복하기 위해
노력했어요. 여러 붕당의 신하들은 다양한 의견을 제안했어요.
덕분에 새로운 세금 제도를 만들고, 튼튼한 나라를 만들기 위해
군사 제도를 고치기도 했어요.
각 붕당들은 나라에 일이 생기면 머리를 맞대고 토론을 했어요.
때로는 서로의 생각을 비판하며 다른 의견을 내세우기도 했지요.

처음에는 동인과 서인으로 갈라져 붕당이 생겼어요.
다음에는 동인이 남인과 북인으로 나눠졌지요. 그 후 서인도
노론과 소론으로 갈라져서 서로 4개의 붕당이 서로 다투었답니다.
붕당은 나랏일을 결정하는 데 도움이 되기도 했지만,
여러 붕당으로 나뉘어져 갈등이 심해지자 중요한 나랏일에
의견을 모으기가 힘들어졌어요.
붕당들은 효종이 죽은 후 왕의 계모인 대비가
상복을 몇 년 입느냐는 작은 문제로 크게 갈등을 겪기까지 했어요.

***상복**: 가족이 죽었을 때 입는 옷.

# 나라를 혼란에 빠뜨린 붕당 정치

붕당의 잦은 싸움으로 왕의 힘은 점점 약해졌어요.
그런 붕당의 갈등 속에서 숙종이 왕위에 올랐어요.
숙종은 할아버지와 아버지가 붕당으로 힘들어했던 것과 달리
오히려 붕당을 이용해 왕의 힘을 더욱 튼튼하게 만들었어요.
그는 나랏일을 함께할 붕당을 직접 선택하였어요.
그러자 왕과 손을 잡은 붕당은 나랏일을 마음껏 할 수 있었지만,
그렇지 못한 붕당은 쫓겨나거나 목숨을 잃기도 하였어요.

왕의 힘이 강해지면 나라가 안정될 것이라는 숙종의 예상과 달리
붕당의 싸움은 끝나지 않았고 갈수록 심해졌어요.
권력을 잡은 붕당은 반대편 붕당을 괴롭히고 죽였어요.
살아남기 위해 상대편 붕당을 없애야 했기 때문이지요.
붕당은 더 이상 백성과 나라를 위해 일하지 않았어요.
서로를 헐뜯고 미워하며 자신과 붕당을 지키는 일에만 몰두했어요.
잦은 다툼과 대립으로 붕당 정치는 나라를 혼란에 빠뜨렸어요.
그러는 사이에 백성과 나라는 뒷전으로 밀려나고 말았지요.

✏️ 왕의 힘이 강해지면 나라가 안정될 것이라는 숙종의 예상과 달리 붕당의 싸움이 갈수록 심해진 이유를 본문에서 찾아 밑줄 그어 보세요.

탕평책으로 나라를 바로 세운 영조

붕당들의 싸움이 길어지자, 나라의 질서는 흐트러지고,
백성들의 생활은 더 어려워졌어요.
오랜 세월에 걸쳐 조정의 신하들은
동인, 서인, 북인, 남인 등으로 갈라져
자기들 생각만 옳다고 주장하며 다투었어요.
그들의 싸움은 더 이상 백성과 나라를
위한 것이 아니었지요.
왕위에 오른 영조는 백성들을 위해
붕당 정치를 없애야겠다고 결심했어요.
영조는 어린 시절 어머니의 신분이 낮아
제대로 대접받지 못했고,
성인이 되어 궁궐 밖에서 살기도 했어요.
그때 그는 백성들의 힘든 삶을
직접 보고 느꼈고, 나라와 백성을 위한 것이
무엇인지 고민했어요.
영조는 왕위에 오른 뒤 신하들에게
붕당 정치를 하지 말라고 했어요.

영조는 붕당들의 갈등을 없애기 위해
각 붕당에서 인재를 고르게 뽑는 제도를
만들었는데, 이것을 탕평책이라고 해요.
'탕평'이란 싸움이나 논쟁에서 어느 한편에
치우치지 않고 공평하다는 뜻이에요.
영조는 탕평책을 널리 알리기 위해
비석을 만들어 성균관 앞에 세웠어요.
붕당에 관계없이 인재를 골고루 뽑자,
나라가 안정되고 왕의 힘도 커졌어요.
영조는 백성들의 힘든 생활을 늘 마음에 새기며,
고운 비단옷보다는 백성들이 입는 무명옷을 즐겨 입었고,
하루 다섯 번 하던 식사도 세 번으로 줄였어요.
영조는 백성들을 위해 여러 가지 새로운 정책을 펴 나갔어요.
탐관오리들을 벌하기 위해 지방에 암행어사를 보내기도 했어요.

> 영조가 붕당의 갈등을 없애기 위해 인재를 고르게 뽑는 제도를 만들었어요.
> 그 이름은 무엇인지 찾아 동그라미 해 보세요.

뒤주에 갇혀 죽은 사도 세자

영조는 탕평책으로 나라를 안정시키고, 백성들을 위한 여러 가지 제도를 마련했어요. 하지만 붕당 정치는 계속 되었어요. 왕권을 강화하고 싶었던 영조는 어려서부터 남달리 똑똑했던 아들 사도 세자에게 아낌없는 사랑과 관심을 쏟았어요. 낮은 신분의 어머니에게 태어난 자신과는 달리 힘 있는 왕이 되기를 바랐기 때문이에요.
글공부만 열심히 하길 바랐지만, 사도 세자는 그림도 잘 그리고, 음악과 무예에도 뛰어났어요.

그런데 지나친 관심과 꾸지람이 사도 세자에게는 부담이 되었을까요?
사도 세자는 영조를 무서워하기 시작하였어요.
한편 권력을 차지한 붕당은 사도 세자가 왕이 되면 자기네 붕당이
위험해질 거라고 생각했어요. 그래서 사도 세자가 잘못을 하면 영조에게
시시콜콜 모두 다 전했어요. 영조는 그 말을 듣고 사도 세자를 크게 야단쳤어요.
영조의 꾸지람이 더 심해지자, 사도 세자는 그것을 견디기 힘들어했고,
폭력적인 행동을 했어요. 화가 난 영조는 급기야 사도 세자를 뒤주에 가두고
물 한 모금조차 주지 못하게 했어요. 결국 며칠 뒤 사도 세자는 뒤주에서 죽고 말았어요.
이 모든 일을 지켜보던 한 사람이 있어요.
바로 사도 세자의 아들 정조예요.
그의 나이 열한 살 때의 일이었어요.

*뒤주: 쌀 등을 담아 두는 나무 궤짝.

조선을 새롭게 변화시킨 정조

사도 세자를 죽음으로 몰고 권력을 차지한 붕당은
정조가 왕이 되지 않기를 바랐어요.
정조가 왕이 되면 자기들에게 복수할 거라고 생각했기 때문이에요.
정조는 여러 차례 목숨을 잃을 뻔했어요.
자객이 궁궐을 침입해 정조를 해치려고 했기 때문이에요.
정조는 아버지를 잃은 슬픔과 죽음에 대한 두려움에 시달렸어요.
그럴수록 정조는 책을 읽고 또 읽으며 열심히 공부하였어요.

*자객: 사람을 몰래 죽이는 일을 하는 사람.

하지만 왕이 된 정조는 자신을 반대한 사람들을 위협하지 않았어요.
할아버지의 뜻을 이어 오히려 탕평책으로 바른 정치를 펼쳤어요.
정조가 원하는 것은 오직 백성이 잘살고 문화가 발전해
나라가 부강해지는 것이었어요.
하지만 그 당시 권력을 쥐고 있던 붕당은
정조의 개혁 정치가 못마땅했어요.
그래서 정조를 시시때때로 위험에 빠뜨렸지요.
정조는 왕을 호위하는 군대인 장용영을 두어
왕권을 튼튼히 지켰어요.

나는 사도 세자의 아들이다!

규장각에서는 무슨 일이 있었을까?

새로운 조선을 만들고 싶었던 정조는 왕위에 오르자마자,
왕실 도서관이자 연구소인 규장각을 만들었어요.
정조는 권력을 차지한 붕당의 반대에도 불구하고 왕위에 올랐기 때문에
자신에게 힘이 되어 줄 만한 젊고 능력 있는 인재가 필요했어요.
규장각을 만든 정조는 청나라에서 엄청난 양의 책을 사들였어요.
젊은 학자들이 나라를 위해 열심히 공부할 수 있도록 마련했지요.
정조는 규장각에 특별한 규칙도 만들었어요.
높은 벼슬아치라도 규장각에 함부로 드나들 수 없으며,
설령 벼슬이 아무리 높은 사람이라도 규장각 학자들을 방해하지 못했어요.

또한 규장각의 학자들은 잘못을 저질러도 바로 잡혀가지 않았어요.
붕당의 미움을 받거나 억울한 일이 생기지 않도록 보호하기 위해서예요.
규장각에는 특별한 교육 제도가 있었어요.
우선 과거 시험에 붙은 젊은 학자들은 3년 동안 또 공부를 해야 했어요.
정조가 직접 그들을 가르치기도 했어요.
매월 두 차례 시험을 봤기 때문에 학자들의
실력은 날이 갈수록 좋아졌어요.
규장각 학자들은 정조의 특별한 관심 속에서 학문을
연구했고 나라에 필요한 제도를 열심히 만들었어요.
정조는 조선을 개혁하기 위해서 붕당이나
신분에 상관없이 규장각 학자를 뽑았어요.
조선 시대 초기에는 서얼이 문과 시험을 보고 벼슬을 할 수 없었는데,
정조는 박제가, 이덕무, 유득공 등 서얼 출신들이 규장각에서
일할 수 있도록 문을 열어 주었어요.

* **서얼**: 양반과 정실부인이 아닌 여성 사이에서 태어난 자식.

조선의 미래가 담긴 도시, 수원 화성

아버지 사도 세자의 무덤을 수원으로 옮기면서
정조는 화성을 만들기 위한 계획을 세웠어요.
실학을 바탕으로 학문과 문화가 발달하자,
정조는 이제 그에 걸맞은 새로운 도시가 필요하다고 생각했어요.
백성들이 잘 사는 부유하고 강한 나라를 만들기 위해
고민하던 정조에게 수원은 안성맞춤인 땅이었어요.
수원은 주변이 넓고 땅이 평평해서 사람 살기 편하고
교통과 상업이 크게 발전할 수 있는 곳이었어요.

4. 화서문
화성의 서문.

3. 서장대
장수가 올라가서 서쪽에서 동쪽으로 바라볼 수 있도록 만든 높은 곳.

2. 효원의 종
팔달산 정상에 있는 종.

1. 팔달문
팔달문은 수원 화성의 남문, 산 이름이 팔달이고,
사방팔방에서 배와 수레가 모인다는 의미가 있음.

실학자들도 수원에 성을 쌓으면 큰 도시가 될 거라고 했어요.
정조는 조선의 미래를 담아 수원 화성을 지으라고 명령을 내렸어요.
또한 화성을 지키기 위해 왕의 호위 군대인 장용영을 곳곳에 배치했어요.
수원 화성을 세우는 일은 그동안 연구한 실학이 실제로 얼마나 유용한지를
증명하는 기회이기도 했어요. 중국과 서양의 건축 기술을 연구한 규장각의
인재들도 수원 화성을 짓는 데 참여했어요.

정조가 수원을 선택한 이유를 찾아 밑줄을 긋고, 큰 소리로 읽어 보세요.

5. 장안문
장안문은 화성의 북문이자 정문. 장안이라는 말은
수도라는 뜻으로 또 다른 서울이라는 의미가 있음.

6. 화홍문
화성의 북수문. 무지개 모양의 수문이
7개 설치되어 있음. 남북으로 흐르는
수원천이 성벽과 만나는 부분에 수문을
설치하여 화성의 북쪽에는 북수문,
남쪽에는 남수문을 두었음.

7. 방화수류정
수원 화성 위에 있는 정자.

8. 창룡문
화성의 동문.

9. 화성 행궁
정조가 수원 화성에 내려오면 머물렀던 별도의 궁궐.
어머니 혜경궁 홍씨의 회갑연도 여기에서 치름.

 # 새로운 공사 방법, 다양한 과학 기구

산과 작은 언덕을 따라 이어지는 성곽, 성곽 위의 수많은 건축물,
작은 궁궐인 행궁 등 수원 화성을 처음 계획할 때에는
워낙 큰 공사라 약 10년의 시간을 예상했어요.
하지만 수원 화성을 짓는 데는 3년도 채 걸리지 않았어요.
공사를 빨리 진행할 수 있었던 이유는 당시의 과학 기술과
철저한 계획 덕분이었어요.
조선의 성은 대부분 돌을 다듬어 쌓아 지었는데
수원 화성은 벽돌을 사용해 지었어요.
벽돌을 사용하면 돌보다 원하는 모양으로 더 튼튼하게
지을 수 있고, 시간과 돈도 절약할 수 있었어요.
실학자인 박지원도 조선에서 건물을 지을 때
벽돌을 사용하라고 적극 추천하였지요.

수원 화성을 설계한 정약용은 중국과 서양에서 성 쌓는 방법을
연구해서 다양한 과학 기구를 만들었어요.
무거운 물건을 들어 올리는 거중기와 녹로, 물건을 운반하는 수레인
유형거는 공사를 쉽고 편리하게 해 주었어요.
공사에는 전국 곳곳에서 모인 최고의 기술자들이 참여했어요.
영조 때 했던 개천 바닥을 파서 물이 잘 흐르게 하는 공사에서처럼
적당한 임금을 주자, 많은 백성들이 수원으로 몰려와 일을 했어요.
정조는 일하는 사람들을 위해 잔치를 베풀고, 추울 때는 털모자도 선물했어요.
이처럼 수원 화성은 철저한 계획, 새로운 공사 방법과 다양한 인재들의 참여,
일꾼들의 노력과 정성으로 조선 최고의 성곽으로 태어났습니다.

나는 무엇일까요?
- 정약용이 만들었음. 화성을 지을 때 사용됨. 무거운 물건을 들어올리는 기구.

수원 화성으로 간 정조의 8일

정조는 억울하게 돌아가신 아버지 사도 세자의 무덤을 수원으로 옮긴 뒤,
일 년에 한 번 정도 그곳으로 갔어요.
특히 1795년은 사도 세자와 어머니 혜경궁 홍씨가 회갑을 맞이하는 해라,
정조는 어머니를 모시고 수원 화성에 8일에 걸쳐 다녀왔어요.
그 행차를 따라가 볼까요?

*회갑: 예순한 살을 이르는 말.

8일간의 수원 화성 행차

화성능행도 병풍

1일
1,779명의 행렬이 수원으로 행차,
한강 배다리 건넘, 시흥 행궁 도착.

2일
비가 내리기 시작하여,
서둘러 화성 행궁으로 감. 저녁에 도착.

3일
향교를 찾은 정조, 화성에서
과거 시험을 치르고 인재를 뽑음.

정조는 8일간의 행차를 마친 뒤, 행차를 이끈 신하들,
수많은 군사와 궁녀들에게 상을 푸짐하게 내렸어요.
자신이 머물거나 지나간 고을에서 일하는 관리들에게도 상을 주었어요.
그는 많은 사람의 노력과 정성 덕분에 아버지 사도 세자를
만나러 갈 수 있었다고 생각했기 때문이에요.

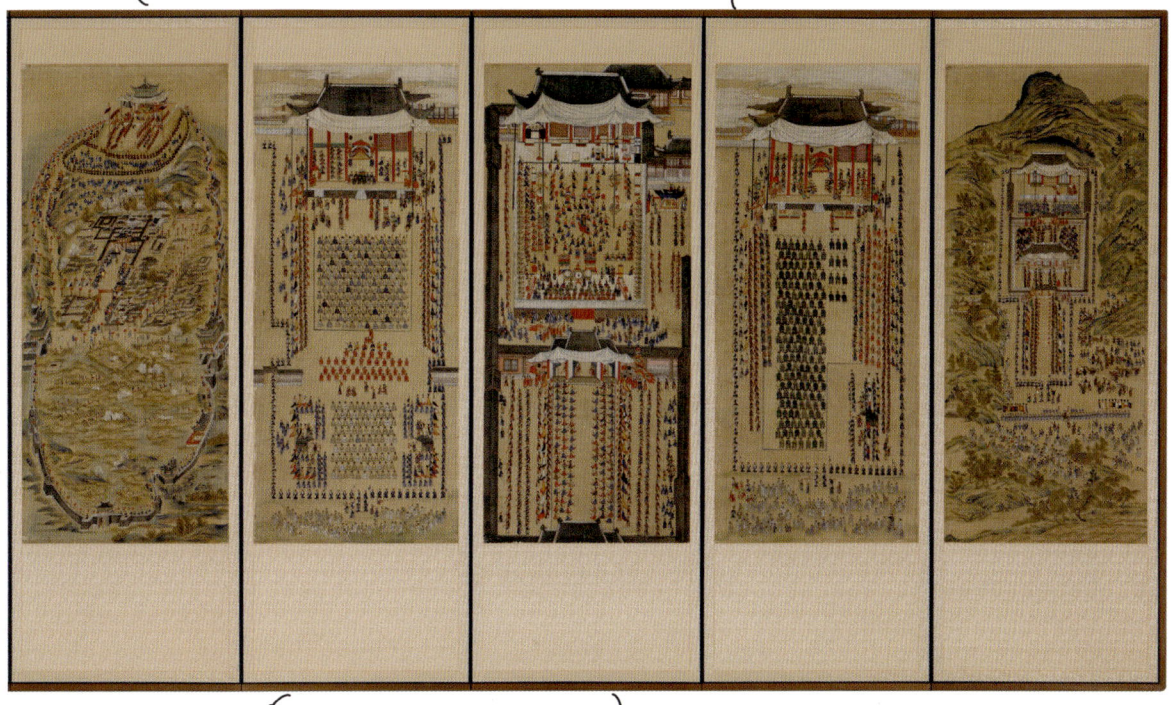

4일
정조가 어머니 혜경궁 홍씨를 모시고, 사도 세자의 무덤인
현륭원으로 감. 무덤 앞에서 혜경궁 홍씨가 슬피 욺.
정조의 지휘로 서장대에서 야간 군사 훈련을 함.

7일
행차 중 백성들의 어려움을 직접 듣고,
한 노인이 쌀이 없다고 해서 쌀을 줌.
시흥 행궁 도착.

8일
배다리로 한강을 건넘.
배다리를 만든 관리와
뱃사공에게 상을 내림.
창덕궁 도착.

5일
화성 행궁에서 혜경궁 홍씨의
회갑 잔치를 엶.

6일
노인들을 불러 양로 잔치를 열고,
신하들과 활쏘기를 함.

누구에게나 기회가 주어지는 세상

정조는 백성들의 이야기를 직접 듣고 싶었어요.
그래서 행차를 나갈 때 백성들이 겪은 억울함을
자신에게 직접 말할 수 있도록 했어요.
백성들은 꽹과리를 쳐서 행차를 막고 임금에게 무엇이든 이야기했어요.
정조는 지방에 사는 백성들을 위해서는 암행어사를 보냈어요.
어려운 형편을 살피고, 탐관오리들이 백성을 괴롭히지
못하도록 하기 위해서예요.
정조는 백성이 잘 살려면 상공업이 발달해야 한다고 생각했어요.
그러려면 상업을 하찮게 여기는 생각을 바꾸고, 법과 제도를 고쳐야 했지요.

한편 백성들은 장사를 하고 싶어도 할 수가 없었어요.
나라에서 허락한 시전 상인들만 할 수 있었기 때문이에요.
시전 상인은 나라에서 필요로 하는 물건을 자기네만 팔 수 있는 권리를
갖는 대신에 세금을 냈어요. 그래서 다른 이들이 장사를 하면
행패를 부리고 싸움을 걸었어요. 게다가 자기들만 팔 수 있는 물건 값을
제멋대로 올려 백성들에게 피해를 주었어요. 정조는 그런 시전 상인들의
권리를 빼앗았고, 누구나 장사를 할 수 있도록 하라고 명령했어요.
이후 물건 값이 안정되고 누구나 자유롭게 장사를 할 수 있어서
상업이 더욱 발전하였어요.

단원 정리

알다 _{역사 용어}

☑ **붕당**
학문이나 나랏일에 같은 뜻을 가진 사람들의 무리.

☑ **탕평책**
붕당들의 갈등을 없애기 위해 각 붕당에서 인재를 고르게 뽑는 제도.

☑ **암행어사**
왕에게 특별한 명령을 받고 아무도 모르게 임무를 수행하던 임시 벼슬. 주로 백성을 괴롭히는 탐관오리들을 벌하는 일을 함.

☑ **서얼**
양반의 정부인이 아닌 첩에게서 태어난 자식. 아버지를 아버지라 부를 수 없고, 재산을 물려받을 수도 없었음.

☑ **거중기**
수원 화성을 지을 때, 정약용이 무거운 물건을 들어 올리기 위해 만든 기구.

☑ **유형거**
무거운 물건을 옮기는 수레.

☑ **시전 상인**
장사를 할 수 있도록 나라에서 허락한 상인. 나라에 세금을 내고 필요한 물건을 팔 수 있는 권리를 가짐.

☑ **장용영**
정조 때 왕권 강화를 위해 만든 왕의 군대.

만나다 _{역사 인물}

숙종
조선의 제19대 임금. 현종의 아들이며, 경종, 영조, 연령군의 아버지. 당파 간의 견제와 대립을 이용하여 임진왜란, 병자호란 등으로 손상된 왕실의 권위를 회복하고 왕권을 강화함. 어려워진 나라 살림을 위해 대동법을 실시함.

영조
조선의 제21대 왕. 숙종의 아들로 경종이 죽은 뒤 왕위에 오름. 불안한 왕권과 정국을 안정시키고 붕당의 갈등을 없애기 위해 탕평책을 실시함. 백성들을 위해 여러 가지 새로운 정책을 실시함.

사도 세자
영조의 아들. 영조의 지나친 관심과 붕당들의 이간질로 영조에게 죽임을 당함.

정조
조선의 제22대 왕. 영조의 손자이자, 사도 세자의 아들. 규장각을 설치하여 인재들을 등용하고 다양한 서적을 간행함. 수원 화성을 건설함. 개혁을 위해 많은 노력을 했으나 갑작스러운 죽음으로 완성하지 못함.

역사 생각 — 궁금하다!

정조가 규장각 학자들이 잘못을 저질러도 잡아갈 수 없게 한 이유는 무엇일까요?
붕당의 미움을 받거나 억울한 일이 생기지 않도록 보호해 주기 위해서예요.

정약용

수원 화성이 대단한 이유는 무엇일까요?
첫째, 철저한 계획을 세우고 거대한 성을 짓는 데 과학 기구와 벽돌을 사용해 계획한 기간보다 빨리 완성했어요.
둘째, 품삯을 제대로 지급한 덕분에 전국의 최고 기술자들이 최고의 성곽을 완성했어요.

가 다 — 역사 장소

창덕궁 규장각
정조가 세운 왕실의 도서관이자 연구소. 정조가 뽑은 젊고 능력 있는 인재들이 모여 나라를 위해 연구하고 공부하던 곳.

수원화성박물관
수원 화성이 만들어진 과정, 화성에서 펼쳐진 행사, 화성의 특징, 화성을 계획한 정조의 업적 등 수원 화성의 모든 것을 볼 수 있는 박물관.

확인하기

01 다음은 22대 왕 정조의 가계도예요. 빈칸에 들어갈 이름을 써 보세요.

- 21대 (할아버지　　　)
- (아버지　　　)　(어머니　　　)
- 22대 정조

02 다음 기구의 이름을 써 보세요.

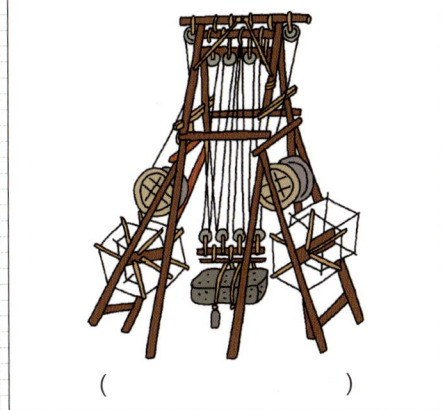
(　　　)

03 다음 설명을 읽고 왕의 이름을 각각 써 보세요.

① 탕평책 실시, 백성들을 위해 세금과 형벌 제도를 바꾸었다. (　　　)
② 규장각을 설치하고, 인재를 고루 등용하고, 화성을 건설했다. (　　　)

풀이 01 할아버지: 영조, 아버지: 사도 세자, 어머니: 혜경궁 홍씨　02 거중기　03 ① 영조 ② 정조

4장
백성들이 즐기는 서민 문화

백성들은 살림살이가 날로 나아지면서 양반들만 즐기던
예술과 문화에도 관심을 갖기 시작했어요.
어려운 한자 대신 세종 대왕이 만든 쉬운 한글을 배웠고,
덕분에 한글 소설도 많이 읽었어요.
자신들의 이야기를 담은 판소리와 탈춤도 즐겼어요.
민화와 풍속화에는 서민들이 살아가는 당시 모습을 그대로 표현되었지요.
백성들이 즐긴 서민 문화에 대해 함께 알아볼까요?

1696년
안용복, 독도에서 일본인을 쫓아냄.

영·정조 시대
장사하는 사람들이 크게 늘어나 시장이 발달함.

1761년
영조, 양반이 노비를 죽이는 일이 없게 함.

1774년
첩의 자식이 재산을 상속받는 권리를 인정함.

1792년
박제가, 정조의 어명으로 쓴 시 「성시전도응령」에서 한양의 시장과 탈춤을 표현함.

조선 후기
판소리가 발달함.

 ## 사람들이 북적북적, 시장마다 시끌벅적

정조 때에는 전국 곳곳에 천여 개의 시장이 생겨났고, 크게 발달하였어요.
장이 열리는 날이면, 이른 아침부터 물건 파는 사람들이 모여들어
순식간에 시장 안을 가득 메웠어요.
물건을 사고파는 사람들로 시장마다 북적거리고 시끌벅적했어요.
한 사람이 팔던 물건을 여러 사람들이 팔기 시작하자,
서로 싼 값을 부르며 손님에게 손짓을 하였어요.

이제 백성들은 상인들의 물건을 비교하고 흥정해서
좋은 물건을 더 싼 값에 살 수 있었어요.
시장을 돌아다니며 물건을 파는 보부상들 덕분에
다른 지역의 물건도 쉽게 구할 수 있었고요.
장은 주로 5일마다 한 번 열리는 오일장이었어요.

오른쪽처럼 보따리를 든 아이를 그림 속에서 찾아보세요.

 물길 따라 포구로 몰려드는 사람들

전국의 물건들은 주로 물길을 따라 이동하였어요.
그래서 지방의 중요한 강마다 배가 드나드는 포구가 생겨났지요.
포구 주변에는 사람들의 이동이 잦았어요.
그런 포구를 중심으로 큰 시장이 생겨났어요.
물건을 흥정하며 사고파는 상인들, 흥정을 구경하는 사람들,
물건을 날라 주는 일꾼들, 한양으로 가기 위해 배를 기다리는 사람들로
포구는 언제나 북적거렸어요.

✏️ 포구에는 주로 어떤 사람들이 모여 들었는지, 본문에서 찾아서 밑줄 그어 보세요.

포구에서 거래된 다양한 물건들이 배에 실려 한양으로 갔어요.
한강의 마포 포구는 한양으로 가는 길목에 위치해 있었어요.
조선 팔도 온갖 물건들이 그곳에 모여 들었지요.
그곳에는 큰 시장이 들어섰고, 상인들이 늘 붐볐어요.
사람들이 흥정하는 소리가 높아지는 만큼 나라의 경제도 활기를 띠었어요.

금강의 강경 포구는 한강의 마포 포구 다음으로 유명했어요.
강경 포구는 충청도와 전라도의 땅과 바다 사이에 있어요.
너른 평야 지대에 위치했기 때문에 농산물이 풍부하고,
황해에서 잡은 갖가지 해산물로 넘쳐났지요.

시장은 서민 문화의 중심지

시장은 물건을 사고파는 곳이지만 재미있는 일도 많이 생기지요.
다양한 사람들과 볼거리가 많아 늘 활기가 넘치니까요.
사람들이 빙 둘러 모여 있는 곳에는 언제나 볼거리가 다양했어요.
가장 인기 있는 것은 뭐니 뭐니 해도 산대놀이예요. 상인들은
탈을 쓴 놀이꾼들의 신나는 춤과 소리에 물건을 사고파는 것도
잊고 멈춰 서서 구경했어요. 양반을 놀리고 우습게 표현하는 대목이
나오면 서민들은 큰 소리로 웃으며 마음을 달랬어요.

시장 모퉁이에서 책을 읽어 주는 전기수 옆에도
사람들이 많이 모여들었어요.
전기수가 얼마나 재미있게 책을 읽는지,
사람들은 이야기에 푹 빠졌답니다.

* **산대놀이**: 탈을 쓰고 빈터에 만든 무대에서 하는 탈놀이.
* **전기수**: 시장이나 사랑방 등에서 돈을 받고 책을 읽어 주는 사람.

★ 탈 쓴 주인공을 찾아보자

말뚝이 탈 쓰고 시장 구경 해 볼까?

양반 놀려 먹으니까 속이 뻥 뚫리네!

그림을 그리는 사람도 있었어요.
나쁜 귀신을 쫓는 그림을 그려 준다는 소문이 돌자,
사람들이 너도나도 찾아와 그림을 주문했어요.
시장에서 귀를 쫑긋 세우면 구성진 가락의 판소리도 들렸어요.
부채를 든 소리꾼이 슬픈 대목을 노래하면
그곳에 모여 있던 사람들이 눈물을 흘렸어요.

이렇게 시장은 여러 가지 볼거리와 이야기가 넘쳤어요.
농업과 상업이 발달하자, 여유가 생긴 백성들은 자식들에게 글을 가르쳤고
취미 생활도 하면서 문화도 즐겼지요.
문화는 더 이상 양반들만의 것이 아니었어요.
서민들이 즐기던 다양한 문화를 '서민 문화'라고 하지요.
시장이 바로 서민 문화의 중심지였답니다.

탈놀이로 답답한 마음을 풀어나 볼까?

백성들의 삶은 고단하고 힘들었어요.
농사일은 고되고, 양반들의 횡포와 차별이 삶을 더 힘들게 만들었어요.
신분의 차이로 양반들에게 불만을 드러낼 수도 없었어요.
그저 참을 수밖에요. 그러다 시장에 가서 탈놀이를 보면
삶의 고통과 불만 가득한 마음이 조금 풀렸어요.
탈놀이에는 서민들의 삶이 고스란히 녹아 있고, 그 안에는 차별도 고통도
없으니까요. 탈놀이는 시장에서 인기 좋은 볼거리였어요.
탈을 쓴 주인공들이 춤을 추며 이야기를 풀어 가고, 다양한 주인공들이
등장하는 재미도 있었지요.

우리나라의 여러 가지 탈

- 양반탈
- 말뚝이탈
- 각시탈
- 하회탈(부네)
- 하회탈(양반)
- 양반탈

탈놀이는 주로 이기적이고 한심한 양반이나 스님을 놀리고 조롱하는
내용이 많았어요. 과연 양반들이 그것을 보고 가만있었을까요?
혹시 탈놀이를 못하게 하지는 않았을까요?
양반들은 백성들이 좋아하는 탈놀이를 모르는 척해 주었어요.
그것마저 못하게 하면 백성들이 신분 차별과 양반에 대한
불만으로 반란을 일으킬지 모른다고 생각했거든요.
그런데 탈놀이가 어찌나 재미있는지 양반도 구경했을 정도였대요.
어른과 아이, 여자와 남자, 양반과 상민 가릴 것 없이 모두
흥겹게 즐기고 놀았던 탈놀이는 조선 후기를 대표하는 서민 문화예요.

✏️ 조선 시대 때 탈들을 보고, 나만의 재미있는 탈을 그려 보세요.

하고 싶은 이야기는 노래로 하고

글을 짓는 것은 주로 양반들이 하는 일이었어요.
양반들은 주로 시조를 썼어요.
시조는 알맞은 낱말에 글자 수도 맞춰야 해서 쓰기가 쉽지 않았어요.
양반들이 쓴 시조는 주로 나라를 걱정하거나
임금에게 충성을 다하겠다는 내용이 많았어요.
서민들도 시를 쓰기 시작했는데, 그 시가 바로 사설시조예요.
사설시조는 지금으로 하면 대중가요예요.
시조처럼 글자 수에 얽매이지 않아도 되는 자유로운 형식의 시예요.
서민들은 주로 사랑 이야기나 양반을 비판하는 시를 썼어요.

내가 하고 싶은 말을 짧은 시로 표현해 보세요.

두꺼비 파리를 물고 두엄 더미 위에 뛰어올라 앉아
건너편 산을 바라보니 송골매가 떠 있어서 가슴이 섬뜩하여 펄쩍 뛰어 내리다가 두엄더미 아래 자빠졌구나
마침 내가 날래기 망정이지 멍이 들 뻔했구나

— 작자 미상, 「두꺼비 파리를 물고」

「두꺼비 파리를 물고」라는 시를 읽어 보세요.
두꺼비가 파리는 입에 물지만, 송골매에게는 꼼짝하지 못하네요.
여러분은 두꺼비가 누구를 말하는지 알겠나요?
이 시에서는 백성을 괴롭히는 탐관오리를 가리켜요.
이렇게 백성들은 하고 싶은 이야기를 사설시조로
자유롭게 표현했어요.

한글 소설로 홍길동도 만나고, 심청이도 만나고

경제적인 여유가 생기자, 서민 중에 글을 깨친 사람들이
크게 늘어나면서 한글 소설이 널리 유행했어요.
글자만 알면 언제 어디서든 재미난 이야기를 즐길 수 있었어요.
시장에 책을 파는 곳도 있었지만, 책이 너무 비싸서 살 수는 없었어요.
그래서 책을 빌려주는 곳이 생겼지요. 책을 옮겨 적는 필사쟁이들도 있었어요.
실감나게 책을 읽어 주는 전기수는 언제나 인기가 많았어요.

〈조선 시대의 한글 소설〉

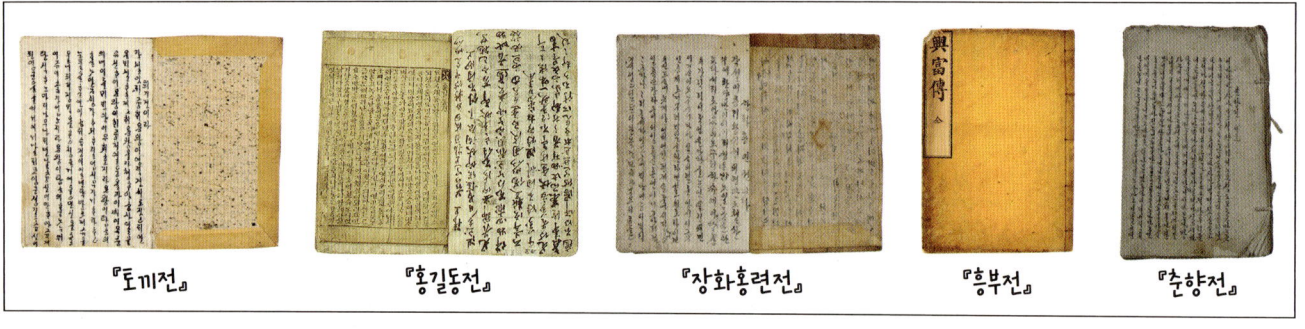

『토끼전』　『홍길동전』　『장화홍련전』　『흥부전』　『춘향전』

서민들이 좋아하는 한글 소설은 주로 조선 사회를 비판하거나,
한심한 양반을 비웃는 내용이 많았어요. 인기가 많았던 소설은
『홍길동전』, 『심청전』, 『춘향전』, 『흥부전』, 『토끼전』, 『장화홍련전』 등이에요.
사람들은 이야기를 통해 아버지를 아버지라 부르지 못한 서얼로서
백성을 위한 의적이 되고 새로운 나라까지 세운 홍길동,
아버지의 눈을 뜨게 하려고 인당수에 몸을 던진 착한 청이를 만났어요.
착하게 살면 복을 받고, 나쁜 짓을 하면 벌을 받는다는 교훈도 얻었지요.
흥미진진한 이야기와 함께 세상을 보는 새로운 눈을 갖게 되었어요.

🔍 아래의 그림들이 어느 한글 소설의 주인공인지 맞혀 보세요.

소리꾼, 고수, 관중이 하나 되는 판소리

판소리는 서양의 오페라 같은 공연이에요.
긴 이야기를 노래로 풀어낸다는 점에서 비슷하지요.
판소리는 소리꾼이 이야기를 하고, 옆에 앉은 고수가
북으로 장단을 치며 "얼쑤!", "잘한다!" 같은 추임새를 넣어요.
오페라는 관중이 조용히 앉아 노래를 감상하지만,
판소리 관중은 추임새를 하며 공연에 참여를 하지요.
그래서 판소리는 소리꾼, 고수, 관중이 하나 되는 공연이에요.
판소리는 사람이 모이는 곳이면 어디에서나 할 수 있어서
서민들이 쉽게 즐길 수 있는 문화였어요.

판소리 공연 장면

소리북
판소리에서 장단을 칠 때 쓰는 북.

판소리는 다른 서민 문화와 마찬가지로 사회를 비판하거나 양반을
조롱하는 내용을 담고 있지만, 소리꾼의 애절하고 구성진 소리는
사람들에게 즐거움과 깊은 감동을 주었어요.
소리를 잘하는 뛰어난 소리꾼을 '명창'이라고 해요.
소리와 가락을 가지고 놀며, 듣는 사람들의 마음을 쥐락펴락하는
명창이 되는 것은 쉬운 일이 아니었어요.
판소리는 서민들 사이에서 큰 인기를 끌고 난 뒤,
양반들이 좋아할 만한 이야기가 나오기도 했어요.
현재 판소리는 「수궁가」, 「심청가」, 「춘향가」, 「흥부가」, 「적벽가」 등이
전해지고 있어요.

화가들에게 불어온 새로운 바람

조선에는 중국 화가의 그림을 베껴 그리는 사람들이 많았어요.
그러다 보니 조선 사람이 조선의 산과 강을 그려도,
마치 중국의 산과 강처럼 보였지요.
그런데 서양에서 들어온 문물과 실학의 연구로
사람들의 생각이 점점 달라지기 시작했어요.
조선의 산과 강을 직접 보고 그려야겠다고 생각한 거예요.
이런 생각을 맨 처음 한 사람은 정선이라는 화가예요.
정선은 벼슬에 오른 양반인데, 그림 그리기에 뛰어난 재주가 있었어요.

정선, 「금강전도」

김홍도, 「금강산」

정선은 조선의 진짜 풍경을 그리기 위해 금강산을 직접 여행했어요.
그가 그린 「금강전도」를 본 스승과 친구들은 진짜 금강산을
눈앞에서 보는 것 같다고 칭찬해 주었어요.
중국의 그림을 따라 그리는 것이 아니라 우리 산과 강을
있는 그대로 화폭에 담은 정선의 이런 그림을 '진경 산수화'라고 해요.
정선의 진경 산수화는 김홍도에게 큰 영향을 주었어요.
이후 정조의 어명을 받고 금강산을 그리게 된 김홍도 역시
눈에 보이는 대로 금강산을 정선처럼 그렸어요.
그 그림이 김홍도가 그린 「금강산」이랍니다.

진경 산수화가 무엇인지 본문에서 찾아 큰소리로 읽어 보세요.

김홍도가 보여 준 백성들의 삶

조선 최고의 화가인 김홍도는 도화서 화원으로
정조의 사랑을 많이 받았다고 해요.
그는 산수화, 동물화, 인물화 등 모든 분야의 그림에 두루 재능을 보였어요.
특히 서민들의 일상생활을 담은 풍속화에 아주 뛰어났어요.
마치 사진기로 찍은 것처럼 서민들의 일상을 순간 포착해서 그렸지요.
서당 훈장님 앞에서 훌쩍거리고 있는 아이,
곡식을 수확하는 즐거움에 웃고 있는 농부들,
흥겹게 빨래 방망이를 내리치는 아낙네들의 모습을 생생하게 그렸어요.
김홍도의 풍속화에는 우스꽝스러운 장면이 자주 나와요.
현실은 힘들고 지치지만 웃으며 살기를 바라는 김홍도의 마음이 담긴 듯해요.

*도화서: 조선 시대에 궁궐이나 왕실의 그림을 그리는 일을 도맡아 하던 관청.
*풍속화: 그 시대 생활 모습을 알 수 있는 그림.

김홍도의 「서당」 그림에서 훈장님 앞에 앉아 있는 아이가 왜 울고 있는지 말해 보세요.

김홍도, 「서당」

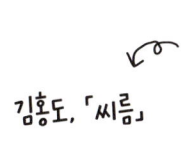

김홍도, 「씨름」

김홍도가 그린 「씨름」 속으로 한번 들어가 볼까요?

모내기가 끝난 단옷날 씨름판이 벌어졌어요.

어른, 아이들이 어울려 구경을 하고 있어요.

씨름하는 두 사람이 벗어 놓은 신발을 한번 보세요. 짚신과 가죽신이지요?

두 사람은 신분이 다르다는 걸 알 수 있어요.

신분이 다른 사람들끼리 구경하고 씨름을 하는 걸 보면,

신분 제도가 무너지고 있다는 것도 알 수 있어요.

구경하는 사람들의 얼굴을 한번 살펴보세요.

생김새나 표정이 제각각 다양해서 그림을 보는 재미가 있어요.

신윤복이 그린 양반들의 모습

신윤복은 김홍도와 함께 조선 최고의 풍속 화가로 손꼽혀요.
그는 서민의 모습을 담은 풍속화를 그린 김홍도와는 달리,
주로 양반과 여인의 모습을 화려하고 섬세하게 그렸어요.
차분하고 엄숙한 조선의 분위기와 달라 비판도 많이 받았지만,
신윤복은 자신만의 생각으로 양반들의 생활을 자유롭게 표현하였어요.

신윤복이 그린 단옷날 풍경을 한번 볼까요?
여인들이 머리를 감고 그네를 타며 즐기는 모습이 그려져 있어요.
단오는 우리나라 명절 중 하나로, 음력 5월 5일이에요.
여름이 오기 전에 모내기를 끝내고 풍년을 기원하는 날이지요.

신윤복, 「단오풍정」

신윤복의 그림 「상춘야흥」, 「주유청강」을 보세요.
봄을 즐기는 양반들, 뱃놀이를 하면서 흥겹게 노는 양반들의 모습을 볼 수 있어요.
신윤복은 대낮에 아무 일도 하지 않고 노는 양반들을 꼬집고 싶었던 것일까요?
그 당시 신분 질서가 서서히 무너지고 있던 때라서 양반들의 풍류,
사랑하는 모습 등을 이렇게 표현할 수 있었답니다.

✏️ 신윤복과 김홍도가 그린 그림의 차이를 찾아 밑줄 그어 보세요.

> 신윤복 덕분에 조선 시대 양반이 어떻게 놀았는지 알겠네.

신윤복, 「상춘야흥」

신윤복, 「주유청강」

왕실과 나라의 일을 기록한 『의궤』

조선 시대에는 왕실이나 나라에서 일어나는 모든 행사를
글과 그림으로 기록해 남겼어요. 이것을 『의궤』라고 해요.
행사의 과정과 함께한 사람, 행사의 절차, 경비, 행사 후의 일들을
모두 기록하였는데, 후손들이 같은 행사를 치를 때
도움이 되도록 하기 위해서예요.
글로만 되어 있는 『조선왕조실록』과 『승정원일기』에 비해,
나라의 주요 행사를 모두 그림으로 그린 『의궤』는
당시 모습을 더 정확하고 꼼꼼하게 기록해 놓았어요.

* **조선왕조실록**: 조선을 세운 태조에서 시작해 제25대 왕 철종에 이르기까지 472년 동안
  나라에 일어난 모든 일을 기록한 역사책.
* **승정원일기**: 왕의 비서실인 승정원에서 왕과 관련된 사건을 기록으로 남긴 업무 일기.

정조가 어머니와 수원 화성으로 행차하던 모습, 고종과 명성황후의 가례를
그대로 재현할 수 있는 것은 모두 『의궤』 덕분이에요.
글로만 써서 기록했을 때보다 훨씬 더 당시의 모습을 잘 알 수 있어서
역사를 연구하는 후대 사람들에게 좋은 자료가 되고 있지요.
조선의 『의궤』는 세계 어디에서도 찾아보기 힘든 귀한 보물로,
우리 조상들의 철저한 기록 정신을 확인할 수 있는 문화유산이랍니다.

***가례**: 왕과 왕비의 결혼식.

「화성능행의궤도」

백성들의 마음을 담은 민화

민화는 주로 서민들이 그리고 즐긴 그림이에요.
이름 모를 화가가 시장이나 마을에 오면 사람들이 우르르 몰려갔어요.
화가는 자식을 많이 낳고 싶다, 행복하게 살고 싶다,
올해 농사가 잘 되었으면 좋겠다는 사람들의 소원에 맞게 그림을 그려 주었어요.

나쁜 귀신을 쫓는 호랑이 그림도 그려 주고,
부자가 되는 모란꽃 그림도 그려 주고,
바르게 살라고 여덟 가지 가르침이 있는 문자도 그려 주었어요.
민화에는 익살스럽고 재미있는 내용이 많이 담겨 있었어요.

서민들이 그린 민화들

십장생으로 불리는 열 가지 오래 사는 자연물은 뭘까?

모란꽃

호랑이

문자도

서민들만 복을 원하고 행복하게 살기를 바란 것은 아니에요.
양반들도 자신들의 소원을 담아 민화를 그렸어요.
왕실에서도 도화서 화원을 불러 민화를 그리도록 했어요.
오래 살기를 기원하며 장수를 상징하는 열 가지 자연물, 십장생을 그린
'십장생도'는 모든 사람들의 소원이었어요.
십장생은 해, 산, 물, 돌, 구름, 소나무, 불로초, 거북, 학, 사슴이에요.
왕과 왕비는 어머니인 대비가 오래 살기를 바랐지요.
그래서 '십장생도'를 병풍으로 만들어 대비가 지내는 대비전을 꾸몄어요.
뿐만 아니라 왕은 새해가 되면 신하들에게 새해맞이 선물로 '십장생도'를 주었대요.

십장생도 병풍

그림을 주문한 사람에 따라 민화의 내용이 달라지고 더욱 다양해졌어요.
오늘보다 더 나은 내일이 오고, 사랑하는 가족이 더 건강해지길 바라는
마음을 담은 민화!
여러분도 꿈꾸고 바라는 것을 그려 보세요.

단원 정리

알다 — 역사 용어

- **보부상**
  시장을 돌아다니며 물건을 파는 상인.

- **포구**
  큰 강의 어귀나 바다에 접해 있는 곳으로, 물건을 파는 배나 물고기를 실어 나르는 어선들이 드나들고 정박하는 곳.

- **전기수**
  시장이나 사랑방 등에서 돈을 받고 재미있는 이야기책을 읽어 주는 사람.

- **서민 문화**
  서민들이 즐기던 다양한 문화.

- **사설시조**
  조선 후기의 대중가요. 양반들이 즐기던 시조와 달리, 글자 수에 얽매이지 않고 자유롭게 쓴 내용이 긴 시조.

- **필사쟁이**
  책을 베껴 옮겨 적는 일을 하는 사람.

- **진경산수화**
  조선 후기, 우리나라 산과 강을 소재로 그린 산수화.

- **풍속화**
  백성들의 생활 모습을 그린 그림.

- **의궤**
  왕실이나 국가에서 일어나는 행사를 글과 그림으로 기록한 것.

- **민화**
  전통적으로 이어온 생활 모습을 담은 그림. 주로 서민들이 많이 그렸음.

만나다 — 역사 인물

정선
「금강전도」, 「인왕제색도」 등 우리 산과 들을 우리 식으로 그리기 위해 노력한 조선 후기의 화가.

김홍도
「씨름」, 「서당」 등 조선 후기 백성들의 익숙한 생활 모습을 그린 화가.

신윤복
「미인도」, 「단옷날」 등 주로 양반들의 생활 모습을 빨강, 파랑, 노랑의 원색을 사용하여 세밀하게 그린 조선 후기 화가.

가다 — 역사 장소

고창판소리박물관
판소리의 대가인 신재효를 비롯하여 많은 명창들을 기념하고 우리 소리의 전통을 발전시키기 위해 신재효 선생의 고택 자리에 세워졌어요. 판소리의 유형, 무형 자료를 수집, 보존, 전시하고 있어요.

겸재정선미술관
겸재 정선은 가장 먼저 우리 산과 강, 들을 우리 식으로 표현하려고 노력한 화가예요. 이런 정선의 예술혼을 알리기 위해 만들어진 곳으로, 정선의 많은 그림들을 감상할 수 있어요.

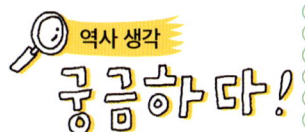

왜 포구에 큰 시장이 생겼을까요?
물건이나 생선을 실은 배들이 다니다 보니, 물건을 파는 사람, 사는 사람, 옮겨 주는 일을 하는 사람, 배를 타는 사람 등 늘 많은 사람들이 오갔기 때문이에요.

시장에서 전기수가 인기 많았던 이유는 무엇일까요?
글을 읽을 수 있는 사람, 글을 읽을 수 없는 사람 모두에게 다양한 목소리로 아주 실감 나게 책을 재미있게 읽어 주었기 때문이에요.

한글 소설
조선 후기에 한글로 쓰여진 소설로, 『홍길동전』, 『심청전』, 『춘향전』, 『흥부전』, 『토끼전』, 『장화홍련전』 등이 있음.
한글 소설은 주로 서민들의 생활을 현실적으로 그려내 인기가 많았음.

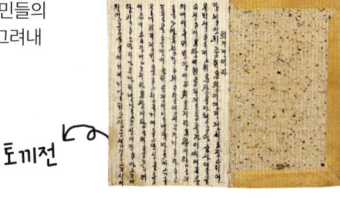
토끼전

01 다음 중 조선 후기 서민 문화가 발달한 이유로 알맞은 것을 고르세요.
① 농업과 상업의 발달로 부유해진 백성들이 많아졌기 때문에
② 조선 후기에 갑자기 백성들이 엄청 똑똑해져서
③ 친절한 양반들이 백성들에게 문화 예술을 가르쳐 주어서
④ 왕실에서 백성들에게 문화를 가르쳐 주어서

02 다음 그림을 보고 무엇을 설명하는 것인지 빈칸에 쓰세요.

1) (　　　　　)　　2) (　　　　　)

03 다음 그림으로 친구들에게 발표를 한다면 (ㄱ)에 들어갈 알맞은 단어는 무엇일까요?

발표 주제: (ㄱ)

① 풍속화　② 민화　③ 진경 산수화　④ 인물화

5장
안에서는 탐관오리가, 밖에서는 외세가

영조, 정조가 왕권을 강화하여 백성들이 잘 사는 나라를 만들기 위해
노력했지만, 붕당 사이의 싸움은 멈추지 않았어요.
열한 살 된 순조가 정조를 이어 왕위에 오르자
순조의 할머니 정순 왕후의 세도 정치가 시작되었어요.
벼슬아치들은 나라와 백성은 어떻게 되든 자신들의 권력만 키우려 했고,
탐관오리들은 백성들을 괴롭히며 자신들의 이득만 챙겼지요.
나라 밖에서는 새로운 종교와 사상들이 들어오기 시작했어요.
조선은 앞으로 어떤 변화를 겪게 될지 함께 살펴볼까요?

1811년
홍경래, 세도 정치에 맞서 평안도에서 난을 일으킴.

1801년
천주교 신자들을 탄압함.

1800년
정조, 세상을 떠남.

1848년
조선의 해안가에 이양선이 출몰함.

1860년
최제우, 새로운 세상을 꿈꾸며 새로운 종교, 동학을 창시함.

1862년
진주에서 시작되어 전국으로 백성들 봉기가 퍼짐.

못다 이룬 정조의 꿈

정조는 왕을 중심으로 세워진 튼튼한 나라, 백성들이
잘 사는 나라를 만들기 위해 온 힘을 다해 노력하였어요.
그러나 붕당 사이의 싸움이 끊이지 않았어요.
신하들이 정조의 어명을 잘 따르지 않아서 벌을 내리거나
귀양을 보내도 소용이 없었지요.
1800년 여름, 정조는 심한 병에 걸려 몹시 아팠어요.
나랏일을 돌보지 못하고 자리에 누운 정조는 세상을 떠나고 말았어요.

* **어명**: 왕의 명령.

정조가 죽자, 열한 살밖에 안 된 정조의 아들 순조가 왕위에 올랐어요.
나랏일은 나이가 어린 순조 대신에 대왕대비인 정순 왕후가 맡았어요.
정순 왕후는 영조의 어린 부인이었으며, 정조의 할머니였어요.
정조를 반대하던 가문의 사람이었던 정순 왕후는 정조의 개혁 정책을
모두 물거품으로 만들어 버렸어요. 이후, 나랏일을 하는 중요한 벼슬은
정순 왕후의 가문인 안동 김씨 사람들이 모두 차지해 버렸어요.

왕을 꼭두각시로 만든 세도 정치

순조는 안동 김씨 가문의 딸을 왕비로 맞이하였어요.
왕비의 아버지 김조순은 딸이 왕비가 되자,
권력을 움켜쥐고 나랏일을 좌지우지했어요.
순조는 권력을 잡은 가문의 눈치를 보는 힘없는 왕이 되었고요.
신하들도 더 이상 순조를 두려워하지 않았어요.
순조가 죽은 뒤에는 여덟 살인 세손이 왕이 되었어요.
순조의 아들인 효명 세자가 일찍 죽어, 그의 어린 아들 헌종이
왕위에 오른 거예요.

헌종의 할머니 가문인 안동 김씨와 헌종의 어머니 가문인
풍양 조씨가 어린 헌종을 가운데 놓고 힘겨루기를 했어요.
몇몇 힘 있는 가문이 조선을 제멋대로 다스리기 시작했어요.
이렇게 힘이 센 가문이 벼슬을 독차지하고
나랏일을 하는 것을 '세도 정치'라고 해요.
세도 정치는 순조에서 헌종, 그리고 철종 때까지
무려 60여 년 동안 이어졌고,
그러는 동안 나라의 질서가 무너지고,
백성들은 힘들게 살아야 했어요.

세도 정치의 뜻을 찾아 읽어 보세요.

세도 가문 사람들의 횡포

세도 정치를 하는 가문 사람들은 힘없는 어린 왕의 눈치를 보지 않았어요.
그들은 자신들의 권력을 지키기 위해 온갖 나쁜 일을 일삼았어요.
심지어 나랏일을 하는 벼슬자리를 돈을 받고 팔았어요.
양반들은 높은 벼슬을 하기 위해 세도 가문에 온갖 아부를 했어요.
그들은 값비싼 뇌물을 가득 들고 세도 가문의 집을 드나들었지요.
세도 가문 사람들은 상대가 마음에 들면 자기 편으로 만들었지만,
그렇지 않으면 억울한 누명을 씌워 귀양을 보내거나 죽게 만들었어요.

인재를 공정하게 뽑아야 할 과거 시험에서도 부정한 일들이 일어났어요.
다른 사람을 시켜 시험을 대신 보게 하거나 작성된 답안지를 가지고 와서
바꿔치기 해도 돈을 받고 눈감아 주었어요.
시험 결과에 상관없이 이미 합격자를 정해 놓는 일도 있었어요.
과거 시험에 합격한 이들은 공부를 잘하는 실력 있는 사람들이 아니라
주로 힘 있는 가문이나 부잣집의 자녀들이었어요.
돈으로 벼슬을 사고 시험에 붙은 사람들이 과연 나랏일을 잘했을까요?

현장고발 - 과거 시험 세상에 이런 일이

감독관 매수: "합격 예약이오♡" "우리 아들 수험번호는 0XX00 이오."

대리 시험: "어서 바꾸시오." "휙!"

"O.K! 도련님, 답안지 구해 왔습니다."

답안지 유출

불신 × 포기: '열심히 공부할 필요가 없네.'

# 백성을 괴롭히는 탐관오리들

돈을 내고 벼슬을 산 양반들은 다시 그 돈을 벌어야 했어요.
그래서 그들은 백성들에게 세금을 많이 거둬들였어요.
별의별 세금을 다 만들어서 가난한 백성들을 더 가난하게 만들었지요.
심지어 세금을 못 내서 도망을 간 이웃의 몫까지 내게 하고,
갓 태어난 아이나 죽은 사람의 세금까지 내라고 강요했어요.

백성들은 양반들이 만든 세금의 늪에 빠져 허우적거렸어요.
나라에서는 백성들의 억울한 일을 막으려고 지방에 암행어사를 보냈어요.
하지만 고을의 벼슬아치에게 뇌물을 받고 눈감아 주는 암행어사까지 있지 뭐예요.
백성의 삶을 살펴 왕의 눈과 귀가 되어야 할 암행어사도 믿을 수 없었지요.
세도 정치로 벼슬을 사고팔면서 생긴 피해는 고스란히 백성의 몫이었어요.

✎ 돈을 내고 양반이 된 이들이 세금을 많이 걷기 위해 한 일을 찾아 밑줄 그어 보세요.

새로운 세상을 바라는 백성들

조선 팔도에 못된 탐관오리들이 넘쳐나자 참다못한 백성들이
여기저기에서 들고일어났어요.
그 시작이 '홍경래의 난'이에요.
평안도는 청나라와 가까운 지역이라는 이유로 옛날부터 차별을 받았어요.
그런데 그곳은 청나라와 가까워서 무역이 활발하고 부자도 많았어요.
탐관오리들이 이 지역 백성들에게 무거운 세금을 요구하자,
평안도에 살던 홍경래가 차별 대우와 무거운 세금을
견디다 못해 백성들과 뜻을 모아 반란을 일으켰어요.
그러나 나라에서 보낸 관군에게
결국 지고 말았어요.
홍경래의 난은 비록 100일 만에 실패로
끝났지만, 백성들은 자신들도
힘을 모아 저항할 수 있다는
희망을 갖게 되었어요.

진주에서도 탐관오리의 횡포에 분노한 백성들이 난을 일으켰어요.
이 난은 전국으로 퍼져 나갔어요. 화난 백성들은 고을의 벼슬아치를 쫓아 버리거나
욕심 많은 양반과 부자들의 집을 불태우기도 하였어요.
나라에서는 부랴부랴 세금 제도를 바꾸겠다며 백성들을 달랬지만,
백성의 기대에는 전혀 미치지 못하는 제안이었어요. 그러나 그마저도
제대로 시행하지 않고 차일피일 미루자, 백성들이 여기저기에서
봉기를 일으켰어요. 세금으로 인한 고통이 계속되자,
새로운 세상을 바라는 백성들의 바람은
커져만 갔어요.

***봉기**: 벌 떼처럼 떼를 지어 일어남.

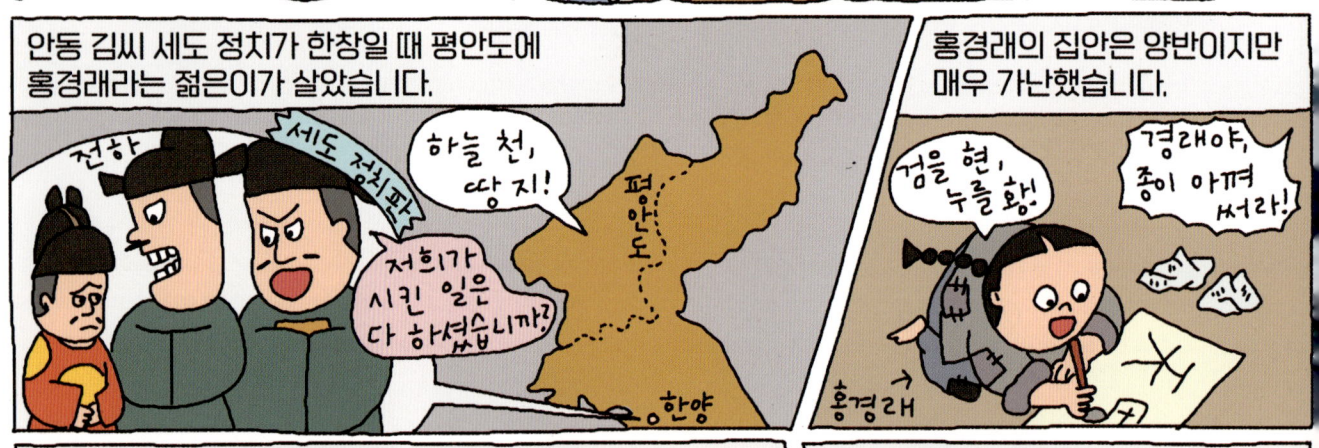

고달픈 백성들의 마음을 위로한 동학

비싼 세금을 내느라 살림이 더 어려워진 백성들은 몸과 마음이
모두 지쳐 있었어요. 그들은 현재의 힘든 삶을 끝내고
새로운 세상이 오기만을 기다렸어요. 그런 바람 때문인지
'새로운 인물이 나타나 새 나라를 세울 것이다, 미래의 부처가
내려와 백성을 구할 것이다.' 등의 이야기가 빠르게 퍼졌어요.
서양에서 전래된 서학의 평등사상은 많은 백성들의 공감을 얻었지만,
조상에게 제사를 지내면 안 된다는 교리는
조선 사회와 맞지 않다고 생각하는 사람들도 있었어요.
그러는 사이에 새로운 종교인 동학이 사람들 사이에서 유행했어요.

동학은 최제우가 만든 민족 종교예요.

유교와 불교, 도교와 민간 신앙까지 합쳐진 종교랍니다.

최제우는 나라를 바로 세우고 혼란에 빠진 백성들을 구하겠다고 결심했어요.

그래서 세상에는 귀한 사람, 천한 사람이 따로 없으며 사람이 곧 하늘이라고 가르쳤지요.

최제우의 가르침은 많은 백성들에게 위로가 되었어요.

그러나 조정에서는 동학을 그냥 두고 보지 않았어요.

조선의 질서를 어지럽힌다는 이유로 동학을 금지시켰지요.

***민간 신앙**: 옛날부터 사람들이 믿은 신앙. 자연물, 마을이나 집 안에 신이 있다고 믿음.

'사람이 곧 하늘'이라고 가르친 종교는 무엇인지 말해 보고, 그 종교를 만든 사람은 누구인지 동그라미 해 보세요.

왕의 아버지가 나라를 다스리다

철종이 아들 없이 세상을 떠나자, 열두 살인 고종이 왕위에 올랐어요.
그러자 고종의 아버지가 어린 왕을 대신해 권력을 잡았어요.
아들이 왕위에 오르면 그 아버지를 '대원군'이라고 해요.
고종의 아버지가 그 유명한 흥선 대원군이에요.
왕족인 흥선 대원군은 왕족처럼 살지 않았어요.
허름한 옷에 공짜 술을 얻어 마시고, 벼슬이 높은 사람들에게 굽신거렸어요.
하지만 그것은 흥선 대원군이 살기 위해 했던 선택이었어요.
세도 가문 사람들이 자신들의 권력을 지키기 위해 똑똑해 보이는 왕족을
없앤다는 것을 알았기 때문에 그렇게 한 거예요.

그런 흥선 대원군의 아들이 왕위에 오른 거예요.

흥선 대원군은 어린 아들을 대신해 나라를 다스리기 시작하였어요.

그는 나라의 꼴이 엉망이 된 이유가 세도 정치 때문이라고 생각했어요.

그래서 세도 정치를 없애는 데 앞장섰어요.

우선 중요한 벼슬자리에 앉아 있는 세도 가문의 벼슬아치들을 모조리 쫓아냈어요.

그 대신 출신 지역, 가문, 붕당, 신분을 가리지 않고 능력 있는 인재들을 뽑았어요.

🔍 고종을 대신해서 나라를 다스린 사람은 누구일까요? 그림에서 찾아보세요.

 백성을 괴롭히는 양반들을 혼내 준 흥선 대원군

서원은 원래 훌륭한 유학자를 기리고 학생을 가르치는 학교예요.
그래서 나라에서 세금도 면제해 주고, 토지와 노비도 주었지요.
좋은 대우를 받자 전국에 2천여 개의 서원이 생겨났어요.
그런데 같은 서원 출신끼리 똘똘 뭉쳐 힘을 키우면서
백성들에게 터무니없는 횡포를 부리기 시작했어요.
유학자들의 제사를 지내거나 서원의 건물을 수리할 때면 인근 백성들에게
재물을 거두어들이거나 강제로 빼앗아 백성들을 괴롭혀 왔어요.
흥선 대원군은 백성들에게 불만을 사던 서원 문제를 해결했어요.
중요한 서원 47곳만 남기고 모두 없애 버린 거예요.

흥선 대원군은 그동안 백성만 세금을 내던 제도를 고쳤어요.
백성들의 세금은 덜어 주고, 양반들에게도 세금을 내라고 했어요.
또한 양반들에게 검소한 생활을 하라고 했어요.
백성들은 굶어죽든 말든 자기들 욕심만 챙겼던 양반에게
화려한 장식이 있거나 비싼 옷도 입지 말라고 했어요.
그러자 양반들이 흥선 대원군에게 불만을 가졌어요.
나라를 바로 세우겠다는 핑계로 자신들을 괴롭힌다고 생각했지요.

흥선 대원군은 양반들의 불만에도 아랑곳하지 않고,
나라의 질서를 바로 잡고 백성들의 마음을 달래 주었어요.
하지만 왕의 권위를 높이기 위해 임진왜란 때 불타 사라진 경복궁을
새로 짓기로 하면서 백성들에게도 부담을 주었어요.
백성들은 농사일도 못하고, 공사비 때문에 세금이 높아지자 불만이 생겼어요.

 조선 앞바다를 기웃거리는 낯선 배들

삼면이 바다로 둘러싸인 조선 앞바다에 낯선 배들이 자주 나타났어요.
검은 연기를 내뿜고 있는 커다란 증기선들은 서양에서 온 배였어요.
우리 배와 생김새가 달라서 이양선이라고 불렀어요.
이양선들은 무역을 하자고 하거나 바다의 깊이를 잰다는 핑계로
조선 앞바다를 기웃거렸어요. 이양선을 끌고 온 서양 사람들은
조선이 자신들의 요구를 거절하자 난동을 부렸고,
돌아가지 않은 채 호시탐탐 조선 땅에 들어올 기회를 엿보았어요.

* **이양선**: 조선 앞바다에 나타난 낯선 서양 배.

조선이 생각보다 호락호락 하지 않습니다.

빈손으로 돌아갈 수 없다!

그런데 왜 서양 배가 조선에 온 것일까요?
영국, 프랑스, 미국 등은 산업 혁명으로 물건을 많이 만들게 되자,
그것을 팔아 이익을 남기기 위해 다른 나라까지 눈을 돌렸어요.
그들은 가난하고 기술이 부족한 나라들에게 무역을 하자고 하면서
군함을 앞세워 강제로 들어갔고, 무역이 시작되면 총칼로 그 나라를 지배했어요.
서양의 힘 있는 나라들은 아프리카와 인도를 차례대로 무너뜨리고,
동아시아로 눈길을 돌렸어요. 중국이 영국에게 무릎을 꿇고,
일본은 미국에 의해 나라의 문을 열었어요.
이제 남은 건 조선뿐이었어요.

***산업 혁명**: 사람 대신에 증기 기관 등의 기계로 공장에서 물건을 많이 생산하기 시작한 큰 변화.

조선을 침략한 프랑스

강화도 앞바다에 낯선 프랑스 함대가 나타났어요. 조선 사람들은
청나라가 서양에게 공격받았다는 소문을 들은 터라 걱정이 되었어요.
프랑스는 조선에게 천주교를 알리러 간 자기 나라 선교사를 죽인 책임을 묻더니,
이번 기회에 두 나라가 무역을 해야 한다고 주장했어요.
조선은 프랑스에게 대답도 하지 않고, 서둘러 군대를 모아 전투 준비를 하였어요.
조선보다 뛰어난 무기를 많이 가진 프랑스와 싸우는 데는 무리가 있었지만,
양헌수 장군은 정족산성에서 프랑스를 상대로 승리를 거뒀어요.
승리 소식에 사기가 오른 조선 관군은 더욱 세게 프랑스를 공격했어요.
결국 프랑스는 큰 타격을 입고 철수하기로 결정했어요.
그러나 프랑스군은 조용히 물러나지 않았어요.

* **선교사**: 외국에 파견되어 종교를 널리 알리는 사람.

규장각의 부속 도서관인 외규장각에 있던 귀중한 책들을 마구 훔쳐 갔어요.
이 사건이 일어난 1866년은 병인년이었어요.
병인년에 서양이 일으킨 난이라는 뜻으로 '병인양요'라고 해요.
그때 프랑스에게 빼앗긴 것 중에 하나가 바로 『조선왕조의궤』예요.
조선 왕실에서 치른 행사를 글과 그림으로 기록한 보고서로써,
소중한 문화유산이에요.
이 외규장각 『조선왕조의궤』는 백여 년 뒤 프랑스 국립도서관에서 발견되었어요.
우리는 프랑스와 오랜 협상 끝에 우리가 빌려 오는 조건으로
2011년에 모두 가져왔어요.
이 의궤는 2007년 유네스코 세계 기록 유산으로 지정되었답니다.

이번에는 미국이 쳐들어왔다!

병인양요가 일어난 지 5년이 지났어요.
이번에는 미국 사람들이 군함을 타고 강화도에 와서 무역을 하자고 했어요.
조선의 바닷길을 측량할 수 있게 해 달라는 요청도 했어요.
조선은 그 요구를 거절하고 미국에게 돌아가라고 했어요.
강화도는 왕이 있는 한양과 아주 가까워서
잘 지켜야 할 중요한 곳이기 때문이었지요.
미국군이 막무가내로 바닷길을 측량하자, 조선이 포격을 시작했어요.
기습 공격을 당한 미국은 조선이 먼저 공격했다며 비난했고,
몇 해 전 평양 대동강에서 제너럴 셔먼호를 불태운 일에 대해
사과와 배상을 요구하며 협상을 제안하였어요.
미국인들이 먼저 물건을 빼앗고 사람들을 죽여서 그걸 막은 것인데,
사과하라니! 조선은 모든 제안을 거절했어요.

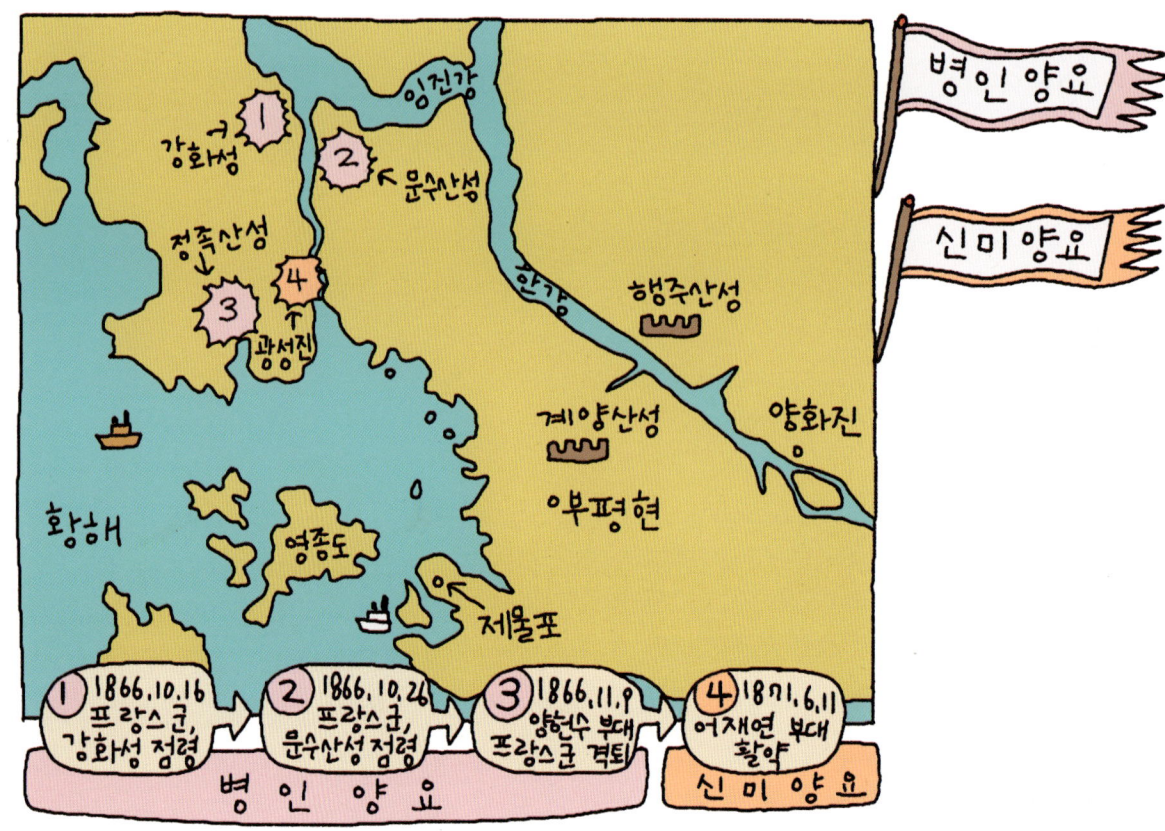

미국은 그때부터 조선에게 공격을 퍼붓기 시작하였어요.
어재연 장군과 군사들이 목숨을 걸고 미국에게 저항했지만
결국 이 전투에서 조선은 미국에게 패하고 말았어요.
하지만 죽음을 무릅쓰고 싸우는 조선군의 모습에 놀란 미국은
전투를 끌면 불리해질 것 같아 곧 강화도에서 철수했어요.
이 사건이 바로 1871년 신미년에 서양이 일으킨 난리, 신미양요예요.

어느 미국 병사의 기록

조선의 군사는 용감했다.
그들은 항복을 하지 않았다.
무기를 잃으면 돌과 흙을 던지며 저항했다.
나중에 전투에서 패하자,
항복 대신 스스로 죽음을 택했다.

 # 나라의 문을 굳게 잠그다

병인양요와 신미양요, 두 차례의 침략을 받은 조선은
외세의 침입을 잊지 않고 다시는 그들과 무역하지 않겠다는 의지를 담아
한양과 나라 곳곳에 척화비를 세웠어요.
척화비는 "서양 오랑캐가 쳐들어왔을 때, 싸우지 않으면 친하게 지내자는 뜻이고,
서양과 친하게 지내자고 주장하는 것은 곧 나라를 파는 일이다."라는 글을
새긴 비석이에요.
일본은 말할 것도 없고 청나라도 서양에게 무릎을 꿇었는데,
조선이 서양의 침략을 막아 낸 거예요.
흥선 대원군은 자신감을 갖고 나라의 문을 걸어 잠갔어요.

조선은 외국과의 무역이나 교류를 거부하는 쇄국 정책을 선포했어요.
그러나 흥선 대원군의 쇄국 정책은 오래가지 못했어요.
어른이 된 고종이 나라를 다스리겠다고 선언했고,
조선이 발전하려면 다른 나라와 교류해야 한다고
주장하는 사람들이 점차 늘어났기 때문에요.
조선의 쇄국 정책은 서양에 맞설 국방력을
튼튼히 하려던 노력이었음에도 불구하고
훗날, 변화하는 국제 정세 속에서 조선의
발전을 늦췄다는 비판을 받기도 했어요.

*쇄국: 다른 나라와 무역이나 교류를 금지하는 일.

단원 정리

알다 — 역사 용어

☑ **세도 정치**
권력을 가진 가문이 벼슬을 독차지하고 나랏일을 함.

☑ **탐관오리**
백성의 재물을 욕심내고 행실이 바르지 못한 관리.

☑ **대원군**
조선시대 왕이 형제나 자손 등 후사가 없이 죽고 종친 중에서 왕위를 계승하는 경우, 그 왕의 아버지를 부르는 명칭.

☑ **동학**
최제우가 유교, 불교, 도교, 민간 신앙을 합쳐서 만든 민족 종교.

☑ **서원**
선비들이 공부하는 학교이자, 그들의 스승들을 제사 지내던 곳.

☑ **쇄국 정책**
외국과의 무역이나 교류를 거부하는 정책.

역사 생각 궁금하다!

백성들이 흥선 대원군에게 등을 돌린 이유는 무엇일까요?
왕권 강화를 위해 경복궁을 다시 지을 때, 농사일을 제쳐 두고 공사에 가야 했고 세금을 많이 내야 했기 때문이에요.

만나다 — 역사 인물

홍경래
조선 말기에 평안도 사람을 차별하고 세도 정치로 부패한 나라에 저항하기 위해 농민의 난을 일으킴. 관군에 의해 실패함.

최제우
동학을 만든 종교 창시자. 동학은 '서학'과 대립된 의미로 천도교를 부르는 이름. 동학을 믿는 백성들이 급격히 늘어나자 위협을 느낀 조정에서 최제우를 죽임.

흥선 대원군
조선 제26대왕 고종의 아버지. 외국 문물에 반대하는 쇄국 정책을 폄. 나이 어린 아들 대신 10년 간 집권했고, 왕권 강화를 꾀하면서 여러 가지 개혁을 하기 위해 노력함. 그러나 개항을 원하는 새로운 물결에 결국 외세의 침략을 당하고 어려움을 겪게 됨.

양헌수
조선 후기 무관. 1866년 프랑스 선교사 처형 사건을 구실로 로즈 제독이 이끄는 프랑스 함대가 조선을 침략하자, 강화도 정족산성에서 프랑스군을 물리침.

어재연
조선 후기의 장군. 신미양요 때, 광성진에서 적군에 맞서 싸우다 전사함.

보다 역사 유물

척화비
흥선 대원군이 우리나라 곳곳에 세운 비석. "서양 오랑캐가 쳐들어 왔을 때, 싸우지 않으면 친하게 지내자는 뜻이고, 서양과 친하게 지내자고 주장하는 것은 나라를 파는 일이다."라는 내용이 새겨져 있음.

가다 역사 장소

운현궁
고종의 아버지 흥선 대원군은 아들이 왕이 되자, 사가를 증축하여 운현궁이라고 부르고, 그곳에서 대원군은 서원 철폐, 경복궁 중건 등 개혁 사업을 추진했으며, 1882년 임오군란 당시에는 이 궁에서 납치되어 중국 심양으로 끌려가기도 했음.

경주 용담정
민족 종교 '동학'의 발상지로, 천도교를 창시한 최제우가 태어나 경주를 시작으로 동학을 포교하다 뼈를 묻은 곳. 민족 종교인 동학의 발상지라 하여 1975년에 천도교 수련 시설로 사용하게 됨.

확인하기

01 다음 내용으로 친구들에게 발표를 한다면 (ㄱ)에 들어갈 알맞은 말을 찾아보세요.

발표 주제: (ㄱ)

| 몇몇 집안이 권력을 독차지함. | 순조에서 헌종, 철종까지 60여 년 동안 이어짐. | 관직을 사고파는 일이 많아짐. | 탐관오리의 등쌀에 백성들이 힘들어 함. |

① 세도 정치　② 쇄국 정책　③ 민주 정치　④ 살아 있는 정치

02 다음 중 흥선 대원군의 업적이 아닌 것을 골라 보세요.

① 서원을 대폭 정리하였다.
② 수원 화성을 새로 쌓았다.
③ 양반들에게 세금을 거두었다.
④ 경복궁을 다시 지었다.

03 다음 사건을 시간 순으로 나열하세요.

① 병인양요

② 흥선 대원군 집권

③ 척화비

④ 신미양요

6장
조선의 문이 활짝 열리고

조선은 결국 일본과 불평등한 조약을 맺고 나라의 문을 열었어요.
나라에서는 일본, 청나라, 미국 등으로 수신사, 영선사, 보빙사들을 보내
새로운 문물을 들여오기 위해 노력했어요.
사람들은 조선에 불어온 변화에 대해 생각이 각각 달랐어요.
변화를 원하는 사람들은 일본이나 청나라의 도움을 받아서라도
하루빨리 개혁을 해야 한다고 주장했어요.
반대로 변화를 원하지 않는 사람들은
조선의 전통적인 유교 질서를 지켜야 한다고 주장했지요.
조선은 이 시기를 어떻게 극복해 나갔을까요?

1876년
일본과 불평등한 강화도 조약을 맺음.

1882년
차별받던 구식 군대가 난을 일으킴.

1883년
미국과 국교를 맺고 미국으로
외교 사절단 보빙사를 보냄.

1884년
개화파, 우정총국에서
갑신정변을 일으킴.

1894년
백성들, 동학 농민 운동을 일으켜, 무능한 정부와 외세에 항거함.

1894년
일본, 조선의 지배권을 놓고 청나라와 전쟁을 함.

1896년
1894년부터 시작된 갑오개혁이 마무리되어 조선의 근대화가 시작됨.

 조선을 공격한 이웃 나라, 일본

흥선 대원군이 물러나고 고종이 직접 정치를 하자,
우리도 다른 나라와 통상을 해야 한다고 주장하는 사람이 많아졌어요.
이 소식을 듣고 아주 좋은 기회라고 여긴 일본은
두 대의 군함을 부산 앞바다에 보내 조선을 겁주었어요.
조선이 따지자 물러났지만 쉽게 포기할 일본이 아니었지요.
일본은 두 군함 중 한 대인 운요호를 보내 조선 앞바다에 대포를 쏘았어요.
조선을 협박하고 통상을 요구한 거예요.

* **통상**: 나라들 사이에 서로 물건을 사고파는 일을 이르는 말.

조선군은 대포를 쏘며 거세게 반격했어요.

예상치 못한 반격에 큰 피해를 입은 일본군은 일단 후퇴했어요.

5개월 뒤, 일본은 더 막강한 군대를 이끌고 조선에 다시 쳐들어왔어요.

이번에는 일본에 대포를 쐈던 일을 사과하고 조약을 맺자고 요구했어요.

그렇지 않으면 한양을 공격하겠다고 협박했어요.

나라 안에서는 일본과 조약을 맺으면 절대 안 된다고 반대하는 목소리도 있었고,

조선의 앞날을 위해 문을 열자는 의견도 많았어요.

결국 조선과 일본은 1876년 2월에 강화도 조약을 맺었어요.

* **조약**: 나라와 나라 사이의 약속.

읽음 강화도 조약을 맺게 된 과정을 차례대로 정리해 보세요.

불평등한 강화도 조약을 맺다니!

강화도 조약은 조선이 외국과 맺은 최초의 근대 조약이에요.
조선과 일본 사이의 약속이지만, 조선에게 불리한 내용이 많았어요.
"일본 사람은 조선에서 자유롭게 장사할 수 있다.",
"일본 사람이 조선에서 죄를 저지르면 일본 법으로 재판한다.",
"일본은 조선 앞바다를 측량할 수 있다." 등
일본은 자신들이 서양의 여러 나라들과 맺은 불평등한 조약을
그대로 조선에게 강요한 거예요.
외국과 조약을 맺는 방법도 모르고 경험도 없었던 조선은
일본에게 당할 수밖에 없었어요.
조선은 강화도 조약을 맺은 후, 서양의 다른 나라들과도 조약을 맺었어요.

일본이 강압적으로 요구한 강화도 조약이 조선에게 얼마나 불평등한 조약이었는지를 확인하면서 다음 내용을 읽어 보세요.

강화도 조약

제1관 조선은 자주국으로 일본과 평등한 권리를 갖는다.

겉보기에는 조선의 자주성을 인정하는 것 같지만,
속뜻은 앞으로 조선 일에 간섭하지 말라는 청나라에 대한 경고성 조항이에요.

제4관 조선은 부산 외에 두 곳을 개항하고, 일본인이 와서 통상을 하도록 허가한다.

항구를 열 세 곳은 부산은 남해안, 원산은 동해안, 인천은 서해안이에요.
일본이 조선의 바닷길을 장악하고 자유롭게 장사할 계획이 담긴 조항이에요.

제7관 일본은 조선 앞바다를 자유롭게 측량할 수 있다.

조선의 해안을 마음대로 측량해서 군사적 침략을 준비하려는 조항이에요.

제10관 일본인이 개항지에서 저지른 죄는 일본인 관리가 심판한다.

일본인이 조선에서 죄를 지으면 이를 일본 법으로 다스리겠다는 조항이에요.

# 눈이 번쩍! 서양 문물에 놀란 조선

강화도 조약을 맺은 뒤 고종은 일본으로 외교 사절단인 수신사를 보냈어요.
그런데 수신사에게 전해 들은 일본 풍경은 무척 신기하고 놀라웠어요.
"커다란 증기선에서는 온갖 신기한 물건이 쏟아져 나오고,
공장의 커다란 기계에서는 똑같은 물건이 대량으로 만들어졌어요.
마차보다 더 빠른 기차는 많은 사람들을 태워 달리고 있었고,
철근과 콘크리트로 지은 높은 건물들도 많았어요.
넓은 도로를 오가는 마차와 바쁜 사람들의 모습이 무척 활기차 보였어요.
조선에서는 볼 수 없는 신기하고 놀라운 풍경이었지요."

고종은 변화된 일본의 모습을 듣고, 조선도 서양 문물을
적극적으로 받아들여야 한다고 생각했어요.
그래서 사신과 학생들을 일본, 청나라, 미국으로 보내 새로운 문물과 기술을
배우도록 했지요. 고종은 특히 서양식 군대에 관심이 많았어요.
나라를 지키기 위해서는 군사력이 가장 중요하니까요. 외세의 침략을
여러 차례 받으면서 서양식 무기와 군대가 강하다는 것을 알게 된 조선은
서양식 무기를 들여오고 일본인 교관을 데려와 '별기군'이라는 신식 군대를 만들었어요.
조선 사회의 이곳저곳을 새롭게 바꾸기 위한 노력이 이어졌어요.
이렇게 새로운 문물과 제도를 받아들여 나라를 새롭게 바꾸는 일을 '개화'라고 해요.

'개화'의 뜻을 본문에서 찾아 밑줄 그어 보세요.

조선 선비들의 세계 일주

1883년, 민영익을 비롯한 조선의 젊은 선비들이 미국으로 향했어요.
조선과 국교를 맺은 미국의 초대로 미국 대통령을 만나러 가는 길이었어요.
이 외교 사절단을 '보빙사'라고 해요.
보빙사는 미국의 새로운 문물을 생생하게 보고 듣고 체험했어요.
샌프란시스코에서는 높은 건물과 대륙 횡단 열차, 다양한 인종을 만났고,
뉴욕에서는 세계 박람회, 공장과 병원,
전기 회사, 육군 사관 학교를 방문하였어요.
미국 답사를 마친 보빙사는 세 그룹으로 나눠졌어요.
일부는 조선으로 돌아가고, 일부는 미국에 남아 공부를 하고,
민영익을 포함한 몇 사람들은 미국의 주선으로 세계 일주를 하였어요.

민영익은 프랑스와 영국, 이탈리아, 이집트, 인도, 싱가포르, 홍콩, 일본을 거쳐
조선 최초의 세계 일주를 마치고 1884년, 315일 만에 조선에 돌아왔어요.
조선에는 보빙사가 가져온 서양 문화와 지식을 바탕으로 새로운 바람이 불기 시작했어요.
우편과 전보 업무가 시작되었고, 조선 최초의 근대식 공립 학교가 세워졌어요.
1887년에는 아시아에서 최초로 전깃불이 들어와, 경복궁의 밤하늘을 밝혔답니다.

우리나라 최초로 미국 등 서양으로 파견된 외교 사절단의 이름을 찾아 동그라미 해 보세요.

 # 개화를 찬성하거나 반대하거나

서양 세력이 조선에 통상을 요구할 때, 그들의 말을 받아들이자고 주장하는 사람들이 있었어요. 바로 개화 찬성파였어요.
개화 찬성파는 서양을 오랑캐로만 취급하지 말고, 새로운 문물과 학문을 받아들여 조선을 발전시켜야 한다고 했어요. 아주 강하다고 생각한 청나라가 서양의 침략을 받고 있다는 사실을 알게 된 조선은 충격을 받았어요. 세계 여러 나라와 교류하는 것은 이미 세계적인 흐름이고, 조선도 그 변화에 대응해야 한다는 사람들의 목소리가 커졌어요.

한편, 조선의 개화를 목숨 걸고 반대한 사람들도 있었어요.
개화 반대파는 서양 문물이 들어오면 사치스러운 물건들 때문에
나라의 경제가 힘들어지고, 백성들의 마음이 혼란스러워진다고 생각했어요.
나라를 부유하고 군사력을 튼튼하게 하는 것도 중요하지만,
우리 것을 지키지 못하면 결국 나라가 망할 수도 있다고 생각했지요.
나라의 개화를 바라거나 이를 반대하는 사람들이 갈피를 잡지 못하고 있을 때,
심각한 피해를 본 사람들이 생겨났어요.
바로 신식 군대와 차별을 받으며
몇 달째 월급을 받지 못한
구식 군대의 군인들이었어요.

차별받던 군인들이 일으킨 반란

조선이 개화 정책을 펼치면서 생겨난 신식 군대 '별기군'은 좋은 대우를 받았어요.
일본인 교관이 훈련을 맡았고, 무기와 보급품, 월급 등 모든 면에서
구식 군대보다 나은 대접을 받았어요.
반면 구식 군대의 군인들은 1년 넘게 월급을 제대로 받지 못했어요.
나라의 살림이 어려운데다가, 관리들까지 비리를 저질렀기 때문이에요.
기다렸던 월급이 드디어 나왔는데, 썩은 쌀에 모래와 겨가 절반이나 들어 있었어요.
구식 군대의 군인들은 더 이상 참을 수 없어서 반란을 일으켰어요.
나라의 개화로 생활이 어려워진 백성들도 같은 편이 되어
구식 군대를 도왔어요. 1882년, 임오군란이 일어난 거예요.

* **임오군란**: 1882년 구식 군대가 신식 군대인 별기군과의 차별에 분노하여 일어난 반란.

임오군란이 왜 일어났는지 말해 보세요.

구식 군대의 군인들은 포도청과 의금부를 습격해 무기를 빼앗고,
일본 공사관에 불을 질렀어요.
그리고 별기군 훈련소로 가서 일본인 교관을 죽이고,
왕과 왕비가 머무는 궁궐까지 쳐들어갔어요.
왕비는 곧바로 청나라에 도움을 청했고,
청나라 군대가 와서 구식 군대와 백성들의 반란을 진압했어요.
청나라는 이 일로 조선에 군대를 두고 개화 정책을 반대했어요.
조선이 개화하여 잘사는 것을 원하지 않았던 청나라는
조선의 나랏일에 온갖 간섭을 했어요.

***의금부**: 조선 시대에 임금의 명령을 받들어 죄인을 신문하는 일을 맡아 하던 관아.

어서 빨리 개화를 하자, 갑신정변

청나라의 간섭이 심해지고 개화가 늦어지자, 사람들의 생각이
크게 둘로 나뉘었어요.
김홍집은 청나라와 관계를 유지하고 조선의 법과 제도를 바탕으로
서양의 기술을 받아들이자고 했고, 김옥균은 청나라의 간섭을
물리치고 조선의 제도와 사상 등 나라 전체를 개혁해야 한다고 주장했어요.
그러면서 조선의 빠른 근대화를 위해서 일본의 힘을 빌려
자신들의 주장을 이루려고 했어요.
일본은 임오군란 후 조선에서 청나라의 힘이 강해지자,
한양에 군대를 두고 자신들의 힘을 넓히기 위해
호시탐탐 기회를 엿보고 있었어요.

✎ 갑신정변을 일으킨 사람들은 어떤 생각을 했는지 찾아 밑줄 그어 보세요.

1884년, 근대 우편 제도를 위해 우정국이 설립되자, 김옥균 등은 우정국 개국 축하 잔치를 틈타 정변을 일으켰어요. 이 사건을 갑신년에 일어난 정변이라 하여 '갑신정변'이라고 해요. 이때 김옥균 일행은 개혁안을 발표했어요.

'청나라에 조공을 바치지 않는다, 신분 제도를 폐지한다, 능력 있는 관리를 뽑는다, 세금 제도를 고쳐 관리의 부정을 막는다, 국가의 살림을 튼튼히 한다, 부정한 관리를 처벌한다, 백성들이 빚진 쌀을 면제한다'는 내용이 담겨 있었지요. 김옥균과 동료들은 청나라를 따르는 무리들을 몰아내고 새로운 조선을 만들고 싶었어요. 이 개혁안은 백성들의 지지를 받지 못했고, 도와준다던 일본은 도망가 버렸어요. 갑신정변은 결국 청나라 군대에게 진압당해 3일 만에 끝나고 말았어요.

*정변: 혁명, 쿠데타 등 법이 허용하지 않는 방식으로 꾀하는 정치적인 변화.

나라는 가난해지고, 백성은 고달파지고

조선에 값싸고 편리한 서양 문물이 마구 쏟아져 들어왔어요.
영국산 면제품인 옥양목은 비단처럼 부드럽고 새하얀 색에 값도 저렴했어요.
성냥과 남포등, 석유는 인기가 좋았고 치약과 비누, 설탕도 불티나게 팔렸어요.
조선 사람들은 외국 물건을 사기 위해 농사지은 쌀을 내다 팔았어요.
일본 상인들은 품질 좋고 값도 싼 우리나라 쌀을 아주 좋아했어요.
그들은 우리나라 쌀을 싼 값에 사서 일본으로 싣고 갔어요.

***남포등**: 석유에 꽂은 심지에 불을 붙여 빛을 밝히는 등.

조선에 먹을 쌀이 부족해지자, 부자들이 백성들에게 쌀을 비싼 값에 팔았어요.
가난한 농민들은 일본 상인들에게 쌀을 싸게 팔았다가,
비싼 돈을 주고 다시 사야 했지요. 그러다 보니 살림이 점점 어려워졌고,
결국 땅을 내놓거나 비싼 이자를 내고 돈을 빌렸어요.
이자를 내지 못한 농민들은 추수한 곡식이나 땅을 빼앗겼어요.
이렇게 농촌은 무너지고 백성들의 한숨은 깊어졌어요.
나라의 문을 여는 데 반대한 사람들의 말대로 서양 문물을 들이고 우리 쌀을
내주면서 나라의 경제가 무너진 거예요. 외국 제품을 사고파는 시장이
커지면서 조선 상인들의 권리가 외국 상인들에게 옮겨 갔어요.

세금의 늪에 빠져 허우적대는 백성들

백성들의 생활은 쌀값 등 물가가 많이 올라 더욱 어려워졌어요.
조선의 백성을 힘들게 하는 바깥의 적이 외국 상인과 서양 문물이라면,
안에는 온갖 이유를 붙여 가며 세금을 요구하는 부패한 탐관오리들이 있었어요.
"백성들의 허리는 갈수록 휘어 가는데 세금 거둘 생각만 하는 관리들이라니!"
어떤 관리는 자기 아버지를 기리는 비석을 세우기 위해,
백성들에게 저수지 물을 사용했다는 명목으로 세금을 내게 했어요.
원래 필요할 때 쓰려고 백성들이 만든 저수지였는데도 말이지요.
사람들을 잡아다가 없는 죄를 만들어 재산을 빼앗기도 했어요.

땅이 비옥하고 농사가 잘되기로 소문난 전라도 지방에서는
관리들의 수탈에 농민들의 시름이 말할 수 없이 깊었어요.
특히 전라도 고부 지방을 다스리던 군수가 농민들을 심하게 수탈했어요.
강제로 세금을 걷고 없는 죄를 뒤집어씌우며 괴롭혔지요.
화가 난 농민들은 급기야 관아를 공격해 억울한 백성들을 풀어 주고,
창고의 곡식을 백성들에게 나눠 주었어요.
그런데 고부 농민들의 봉기 사건을 조사하던 관리는 군수가 아니라
고부에서 동학을 믿는 농민들에게 책임이 더 크다고 주장했어요.

*군수: 조선 시대에 지방 행정 단위인 군에서 제일 높은 벼슬 또는 그 벼슬을 하는 사람.

백성들이 일으킨 전쟁, 동학 농민 운동

이 일로 전라도 고부 지방에서는 동학 농민 운동을 이끈 전봉준이 사람들을 모아 군사를 일으켰어요. 이 사건이 1894년에 일어난 동학 농민 운동이에요. 전라도 고부 지방에서 일어난 농민들의 함성은 전국으로 퍼져 나갔어요. 그것은 반란이 아니라 무능한 조정과 외세에 항거하는 농민들의 전쟁이었어요. 동학 농민군은 일본과 서양 세력을 몰아내고, 위기에 빠진 백성들을 구하고 싶었어요. 다급해진 조선의 조정은 동학 농민군을 진압하기 위해 청나라에 도움을 요청했어요. 청나라가 조선에 들어오자, 일본군까지 우리나라를 돕는다는 구실로 출동했어요.

* **항거**: 따르지 않고 맞서서 싸움.

✏️ 동학 농민 운동을 일으킨 대표 인물을 찾아 그 이름에 동그라미 해 보세요.

동학 농민군은 청나라와 일본 군대가 간섭하는 것을 막기 위해 우선 조정과 협상부터 했어요. 농민군은 자신들이 원하는 것을 조정으로부터 약속을 받은 뒤에 흩어졌어요. 그런데 청나라와 일본은 농민군이 물러난 틈에 조선을 침략할 기회로 삼아 전쟁을 일으켰어요. 전쟁에서 이긴 일본이 조선 정치에 간섭을 하자, 전봉준과 동학 농민군이 그 소식을 듣고 일본을 몰아내기 위해 다시 일어났어요. 이번에는 전라도뿐만 아니라 충청도와 경상도 지역까지 포함해 전국 각지에서 농민군이 모였어요. 그러나 총으로 무장한 일본군에게 대나무로 만든 창을 든 동학 농민군은 상대가 되지 않았어요. 충남 공주 우금치에서 크게 진 농민군은 결국 패배하고, 농민군의 지도자인 전봉준이 체포되면서 동학 농민 운동은 실패로 끝났어요.

세상을 바꾸자! 농민군의 개혁안

동학 농민 운동은 백성들의 열렬한 지지를 받았어요.
조정과 협상하기 위해 농민의 자치 기구인 집강소도 만들었어요.
처음 만든 지방 자치 기구이기 때문에 서툴고 부족한 점이 많았지만,
농민의, 농민에 의한, 농민을 위한 기구였어요.

동학 농민군은 조정에 열두 가지 개혁안을 발표했어요.
'조정은 농민군과 손잡아 서로 협력하고, 지역 차별 없이 인재를 뽑는다,
일본에게 협력한 자는 처벌하고, 탐관오리와 못된 부자와 양반의 죄를 처벌한다,
노비 문서를 불에 태우고, 천민의 대우를 개선하며, 과부의 재혼을 허락한다,
백성의 빚을 없애 주고, 토지를 백성들에게 고루 나눠 준다'는 내용이에요.

백성들은 몇 천 년 동안 이어 온 낡은 제도를 뜯어 고치고
외세에 맞서려는 농민들의 개혁안을 찬성했어요.
동학 농민군은 신분에 상관없이 모든 사람이 평등하게 잘 살고 존중받는
세상을 꿈꿨어요. 하지만 일본군에 패배하면서 동학 농민군의 노력이
물거품처럼 사라지는 듯했어요.
그러나 농민군의 개혁안은 곧 일어날 갑오개혁에 반영되었어요.
실패로 끝난 동학 농민 운동은 보다 나은 세상으로 가기 위한 밑거름이 되었어요.

* **집강소**: 1894년(고종 31) 동학 농민 운동 때 농민군이 전라도 각 고을의 관아에 설치한 자치 기구.

* **자치**: 자기의 일을 스스로 다스림.

동학 농민군이 발표한 개혁안을 소리 내서 읽어 보세요.

드디어 사라진 신분 제도! 갑오개혁

일본의 입김이 작용했지만, 조선은 개혁의 필요성을 느끼고 있었어요.
동학 농민 운동으로 많은 백성들의 생각과 의식이 성장했어요.
세상이 변하고 백성들의 요구가 많아지니 기존에 있던 질서로는
나라를 유지하고 다스리기가 힘들었어요.
그래서 조선은 무려 200가지가 넘는 개혁안을 발표했어요.
이것이 1894년에 있었던 갑오개혁이에요. 정치, 경제, 사회 등은 물론이고,
조선 사람들의 일상생활까지 모든 것을 뒤흔드는 개혁을 꾀했지요.
가장 눈에 띄는 내용은 무엇보다 신분 제도가 없어졌다는 점이에요.
양반과 상민, 천민의 구별이 없어진 거예요.

"사람 위에 사람 없고, 사람 밑에 사람 없는, 조선!"
능력만 있으면 높은 관리가 될 수도 있고, 신분에 상관없이 자유롭게
결혼을 할 수도 있게 되었어요.
과거 제도도 드디어 폐지되었어요. 조선의 과거 제도는 처음의 기대와 달리
시간이 갈수록 뛰어난 인재 대신에 부패한 관리들만 더 많이 만들어 내고 있었지요.
시대가 바뀌었으니 유교 경전 대신 새로운 학문을 갖춘 인재가 필요했어요.
이제는 근대화된 나라에 걸맞은 인재를 뽑을 때가 된 거예요.
갑오개혁은 농민군의 요구가 어느 정도 반영된 개혁안이지만,
수백 년을 이어 온 생활 방식은 하루 아침에 바뀌지 않았어요.
게다가 갑오개혁에는 일본의 요구로 외교와 국방 개혁안은 넣지 못했어요.
갑오개혁 이후, 우리나라는 숨 가쁜 역사의 변화를 맞이하게 된답니다.

단원 정리

 역사 용어

☑ 통상
나라들끼리 서로 물건을 사고파는 일.

☑ 개항
특정한 항구를 열어 외국 선박의 출입이 허용한다는 뜻. 역사적 의미로는 외국과 국교를 맺고 통상을 하는 상황을 말함.

☑ 강화도 조약
조일수호조약이라고도 함. 1876년 2월 27일(고종 13년 음력 2월 3일), 조선과 일본 제국 사이에 체결된 조약. 근대 국제법의 토대 위에서 우리나라가 외국과 맺은 최초의 조약이며, 일본의 강압적 위협으로 맺어진 불평등 조약.

☑ 개화
새로운 문물과 제도를 받아들여 나라를 새롭게 바꾸는 일.

☑ 수신사
일본에 간 조선의 외교 사절단.

☑ 보빙사
미국으로 간 조선의 외교 사절단.

 역사 인물

고종
조선의 제26대 왕. 철종이 죽고 그 뒤를 이어 왕위에 오름. 즉위 당시 열두 살로 어린 나이여서 아버지 흥선 대원군이 집권하다가, 최익현의 상소를 계기로 조선을 직접 통치하기 시작함. 조선의 개항이 시작된 후, 이름을 대한 제국으로 바꾸는 등 여러 변화를 시도하였으나, 결국 일본에 의해 퇴위된 비운의 왕.

민영익
미국 보빙사로 떠났다가 유럽 등을 거쳐 315일 동안 조선 최초로 세계 일주를 함. 돌아와 조선에 새로운 변화를 가져옴.

김옥균
고종 때, 청나라의 간섭을 물리치고, 조선의 제도와 사상을 개혁해야 한다고 주장함. 갑신정변을 일으켰으나 실패함.

김홍집
고종 때, 정치가로서 청나라와 관계를 유지하고, 조선의 법과 제도를 바탕으로 서양의 기술을 받아들이자고 주장한 정치가.

전봉준
동학 농민 운동의 지도자. 전라도 고부에서 탐관오리인 군수를 몰아내고, 힘겨운 백성들을 위해 동학 농민 운동을 일으킴.

임오군란은 왜 일어났나요?

조선은 개화 정책을 펴면서 신식 군대인 별기군을 만들었어요. 별기군은 구식 군대보다 무기, 보급품, 월급 등에서 좋은 대우를 받았어요. 구식 군대는 1년간 월급을 받지 못했는데, 기다렸던 월급으로 겨와 모래가 섞여 있는 쌀이 나오자 분노했어요. 군인들은 더 이상 참을 수 없어 반란을 일으켰어요. 개화로 생활이 어려워진 백성들이 군인들과 함께했어요.

강화역사박물관

세계문화유산으로 지정된 강화 부근리 지석묘에 위치한 박물관. 고인돌이 많은 강화도의 특징을 살려서 선사 시대 화살촉부터 근현대까지 조상들이 남긴 유물을 전시하고 있음.

강화전쟁박물관

지리적 위치 때문에 많은 외세의 침략을 막아 낸 역사의 현장인 강화에서 일어났던 전쟁과 관련된 유물이 전시되어 있고, 선사 시대부터 근현대까지 무기도 볼 수 있음.

01 다음 사건을 시대 순으로 나열하세요.

① 갑신정변　　　② 강화도 조약　　　③ 동학 농민 운동

02 다음 내용을 친구들에게 발표할 때 (ㄱ)에 들어갈 알맞은 주제는 무엇일까요?

발표 주제: (ㄱ)

불평등한 조약이지.	강화도에서 체결했어.	우리나라와 일본이 맺었어.	운요호 사건 때문이야.
① 임오군란	② 강화도 조약	③ 갑신정변	④ 동학 농민 운동

03 다음 중 동학 농민 운동에 참여한 농민군이 원한 것이 아닌 것을 골라 보세요.

① 신분제를 폐지해 모두 평등한 세상에서 산다.
② 부패한 관리와 못된 양반을 벌한다.
③ 일본에 협력하는 자에게 상을 내린다.
④ 세금 제도를 바꾸어 백성들을 힘들지 않게 한다.

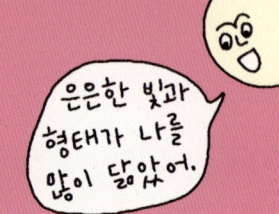

7장
교과서보다 친절한 문화, 문화재 이야기

임진왜란과 병자호란을 겪으며 조선의 문화유산은
대부분 약탈당하거나 파괴되었어요.
조정은 불에 타 사라진 궁궐을 다시 짓고,
백성들을 위한 일들을 하나씩 해 나갔어요.
두 차례의 전쟁을 극복하면서 건축과 미술 등
문화는 어떻게 변화되었을까요?
조선 후기에 만들어진 문화와 문화유산을 알아보도록 해요.

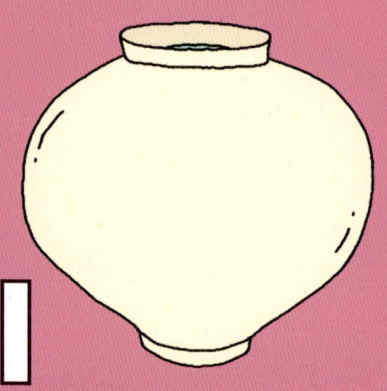

경운궁 중건
1906년
화재로 소실된 중화전을 중건함.
그 후 서양식 건물인 석조전이 건립됨.
1897년, 대한 제국의 황궁이 되어 덕수궁이라고 함.

경복궁 중건
1865년~1868년
태조 때 세워진 궁궐이 임진왜란 때 불에 타 소실됨.
약 270년 후 흥선 대원군이 다시 세움.

경희궁 복원
1984년~현재
1760년 '경덕궁'에서 '경희궁'으로 이름이 바뀜.
조선의 5대 궁궐 중 가장 많은 피해를 입음.
현재까지도 복원을 진행중임.

창경궁 복원
1985년~1986년
임진왜란 때부터 몇 번의 화재로 중건함.
일제가 동물원 등을 지어 창경원으로
만든 것을 창경궁으로 복원함.

창덕궁 복원
1990년~1999년
임진왜란 때 소실, 광해군 때 재건됨.
가장 오랜 기간 동안 임금들이 거처했던 조선의 궁
대규모 복원으로 그 원형이 가장 잘 보존되어 있음

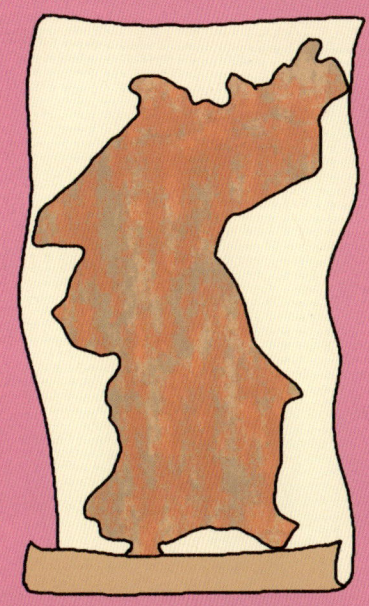

생활용품이라 익숙한 문화재 ♡

우리 할머니의 할머니들이 쓰시던 물건일 수도 있어.

곤여만국전도
1602년
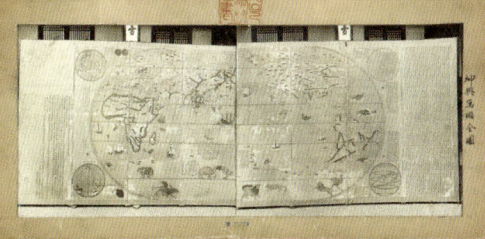
중국 북경에서 이탈리아인 선교사 마테오 리치가 제작한 세계 지도를 1708년에 조선에서 다시 그림.

『천주실의』
1603년
중국 북경에서 이탈리아인 선교사 마테오 리치가 한자로 번역하여 천주교 교리서를 만듦.

백두산정계비
1712년
조선과 청나라 사이에 국경선을 표시하기 위해 비석을 세움.

대동여지도
1861년
김정호가 우리나라 지도를 제작함.

 # 조선의 5대 궁궐을 다시 세우다

임진왜란 때 한양에 있던 궁궐은 모두 잿더미가 되었어요.
피란 갔다 돌아온 선조와 광해군이 머물 궁궐조차 없었어요.
선조는 왕족의 집 가운데 가장 온전히 남아 있는 월산 대군의 집을
임시 궁궐로 삼았어요. 광해군은 왕이 된 후 이 임시 궁궐에
경운궁이라는 이름을 내려 주었어요.
어려운 나라 살림에 궁궐을 짓는 것은 힘든 일이었지만,
광해군은 창덕궁을 다시 세웠어요.
나랏일을 의논하고 왕실의 위엄을 상징하는 궁궐은 중요했기 때문이에요.
그 후 광해군은 창경궁, 경희궁, 경운궁까지 새로 짓고 다듬었어요.

그 뒤 250여 년이 지나 흥선 대원군이 고종의 왕권 강화를 위해
임진왜란 때 불탔던 경복궁을 새로 지었어요.
건축비가 많이 들어 백성들의 원망을 샀지만,
조선의 최고 궁궐은 이때 완성되었어요.
조선의 5대 궁궐로 가 볼까요?

창경궁

창덕궁과 더불어 동궐로 불리던 궁궐이에요.
일제 강점기 때 조선 궁궐의 위엄을 떨어뜨리기 위해
일본이 궁궐 건물을 허물고 동물원(창경원)으로 만들었어요.
1980년부터 계획을 세우고, 1983년에
복원을 시작하여 예전의 모습을 많이 되찾았어요.

경복궁

조선이 건국될 때 세워진 최초의 궁궐이에요.
임진왜란으로 완전히 타 버린 뒤
흥선 대원군의 지시로 다시 세워지고 나서,
고종과 명성 황후가 머무는 정궁이 되었어요.
명성 황후가 일본에 시해를 당한 곳이기도 해요.
그 뒤 고종이 덕수궁으로 거처를 옮기면서
경복궁은 주인을 잃었어요.

창덕궁

역사가 가장 오래된 조선의 궁궐이에요.
경복궁을 대신해 정식 궁궐 역할을 했어요.
정조가 설치한 규장각이 있는 후원은
1997년 유네스코 세계 문화유산으로
등록될 정도로 아름다워요.

경희궁

원래는 인조가 왕이 되기 전에 살던 집이었는데,
광해군 때 궁궐이 되었어요.
영조가 이 궁궐을 좋아하여 오래 머물렀다고 해요.
몇 번의 화재가 있었고, 일제 강점기 때 건물 대부분이 헐려서
초라한 궁궐이 되었는데 다시 복원중이에요.

경운궁

덕수궁이라고도 불러요. 고종이
대한 제국을 선포하고, 황제의 업무를
보던 곳으로, 전통 건물과 서양식 건물의
조화가 돋보이는 궁궐이에요.

181

 # 조상들의 지혜와 멋이 깃든 공예품

조선 후기에는 일상생활에 필요한 다양한 공예품이 크게 발전했어요.
양반들은 화려함보다 단순하고 소박한 멋을 더 좋아했어요.
그래서 널리 제작되고 쓰인 것이 백자예요. 백자는 순백의 순수함을
뽐내는 도자기예요. 나전칠기 같은 목공예도 널리 만들어졌지만,
소반(작은 밥상)이나 경상(책상) 같은 소박한 목가구가 인기가 있었어요.
백성들은 검소하고 실용적인 생활용품을 애용했어요.
숨 쉬는 항아리로 알려진 옹기는 표면의 작은 구멍으로 공기가 순환하여
장이나 곡식을 오랫동안 신선하게 유지시켜 줘요.
쓰다 남은 천을 이어 만든 보자기 역시 검소한 생활의 지혜가 잘 드러나지요.
조선 후기 공예품을 살펴볼까요?

청화백자
도자기 표면에 파란색 안료로 그림을 그린 백자. 파란색 안료가 수입품이라, 청화 백자의 가격은 비쌌어요.

소반
소박하지만 단순한 멋이 깃든 작은 밥상.

현재에 와서 보물이 된 작품이야.

백자 달항아리
은은하고 투명한 빛깔에, 둥근 달을 닮은 모습이 매력적이고, 형태에서 안정감을 느낄 수 있어요.

조각보
쓰다가 남은 천으로 만든 조각보로, 주로 물건을 싸거나 덮을 때 사용했어요. 조상들의 검소함과 정성, 손재주가 고스란히 묻어나는 문화유산이에요.

# 다른 나라에서 들어온 새로운 문물

두 차례에 걸친 전쟁을 겪은 조선은 청나라, 일본과
새로운 외교 관계를 맺어야 한다고 생각했어요.
그래서 청나라에는 연행사를, 일본에는 통신사를 보냈어요.
연행사와 통신사들은 새로운 문물을 들여왔어요.
새로운 경제 방법이나 과학 기술을 배워야 한다는 실학자들이
점점 더 늘기 시작하였어요.
다른 나라에서 가져온 물건들을 한번 볼까요?

청나라에는 신기한 물건이 많네.

안경
양의 뿔이나 거북이 등껍데기로 테를 만들고,
줄을 연결해 귀에 걸어 썼어요.
정약용과 정조가 안경을 썼지요.

천리경

천리 밖을 본다는 뜻으로, 멀리 있는 물체를 크고 정확하게
볼 수 있는 도구예요. 실제로는 백 리까지 볼 수 있었어요.

자명종
시간을 알려 주는 알람 시계.
다양한 시계가 수입되었지만,
조선에서는 별로 인기가 없었어요.

독도를 지킨 안용복

울릉도는 신라 장군 이사부가 정복한 후 줄곧 우리 땅이었어요.
맑은 날이면 망원경 없이 울릉도에서 볼 수 있는 독도도 마찬가지고요.
그런데 17세기 말부터 독도 해안에 일본 어민들이 나타나면서
독도에 대한 우리와 일본과의 갈등이 시작되었어요.
숙종이 다스리던 1693년, 동래(부산) 출신의 어부 안용복은
울릉도와 독도 근처에서 고기잡이를 하다가 일본 어부들과 마주쳤어요.
안용복은 그 어부들을 쫓아내려다가 오히려 일본으로 납치당했어요.

일본에 잡혀간 안용복은 울릉도와 독도는 조선 땅이라고 당당히 주장하며,
자신이 잡혀 온 이유에 항의하였어요.
마침내 "울릉도와 독도는 일본 땅이 아니다."라는 일본의 확인서를 받아왔어요.

조선 후기 울릉도와 독도에 대한 일본의 입장을 알 수 있는 문서 자료들

은주시청합기(1667년)

울릉도와 독도에 관한 일본의 최초 기록으로, 일본의 서북 국경을 '오키'라고 기록.

조선주착안일권지각서(1696년)

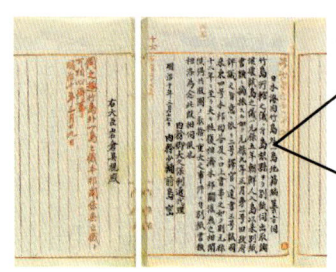

메이지 최고 행정 기관인 태정관에서 독도는 일본과 관계없다고 밝힌 지령.

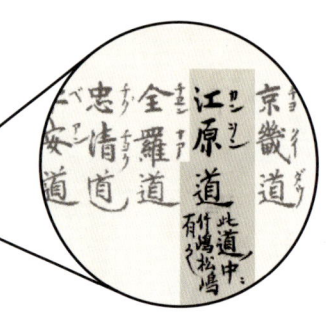

일본에 간 안용복을 심문한 기록으로 울릉도와 독도를 조선의 강원도로 표시.

그 뒤 울릉도, 독도의 영유권과 어업권을 둘러싸고 조선과 일본의 논의가
계속되었는데, 1696년 일본에서 울릉도와 독도는 조선 땅이라고 인정했어요.
이후에 일본 어부들이 울릉도와 독도 근처에서 물고기 잡는 것을 금했지만
잘 지켜지지 않았어요. 안용복은 확실하게 일본에게 항의해야겠다고 결심했어요.
그는 조선의 관리처럼 옷을 입고 일본으로 가서 그 문제를 확실하게 매듭지었어요.
일본은 공식적으로 사과하고 조선 앞바다에서 물고기를 잡지 않겠다고 약속했어요.

그런데 안용복은 나라의 허락을 받지 않고 일본을 드나들고, 일본에서
조선의 관리 행세를 했다는 이유로 처형될 뻔했어요. 하지만 다행히
나라도 못하는 일을 해냈다는 의견 덕분에 처형은 면하고 귀양을 가게 되었어요.
그 뒤 안용복이 언제 죽어, 어디에 묻혔는지는 알 수 없어요.

* **영유권**: 영토에 대한 권리.
* **어업권**: 이익을 목적으로 물고기나 미역 등을 잡거나 기를 수 있는 권리.

울릉도에 있는 독도박물관과 안용복기념관

↙ 안용복기념관

↙ 독도박물관

↙ 서도 정상에 있는 태극기

↙ 독도박물관 표석

 ## 정밀하고 실용적인 『대동여지도』

나라를 지키기 위해서는 무엇보다 좋은 지도가 필요해요.
지역의 위치, 산이나 하천 같은 자연환경, 인구수와
주민의 생활 풍속, 교통 등을 한눈에 정확하게 보아야 하거든요.
우리나라의 옛 지도 가운데 가장 우수한 것은 대동여지도예요.
목판에 각종 정보를 새겨 이를 인쇄할 수 있도록 하여 널리 보급했고,
지도를 22개로 나누어 휴대하기 편한 책으로 만들었어요.

10리마다 짧은 선을 표시해 실제 거리를 짐작하기 쉽게 하는
축척을 사용하였으며, 주요 시설물을 나타내는 기호를 사용하여
지리 정보를 효과적으로 전하고 있어요.
19세기에 축척과 기호를 쓰고 휴대와 대량 제작이 가능했다니 놀랍죠!
그래서 김정호가 만든 『대동여지도』는 이전 것과는
비교가 안 될 정도로 정확하고 과학적이었어요.
당시 조선은 지도 만드는 기술이 이미 상당히 발전해 있었어요.
거기에 김정호가 분석하고 연구한 성과가 더해져
훌륭한 『대동여지도』가 만들어진 거예요.

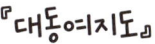

『대동여지도』

지도를 남북으로 이어 붙이면 가로 약 4m, 세로 7m의 지도가 되어요. 약 16만 분의 1의 비율로 축소된 거예요.

『대동여지도』 목판

『대동여지도』 지도첩

남북은 120리씩 22첩으로, 동서는 80리씩 19판으로 나누었어요. 한 단씩 병풍처럼 접을 수 있어요.

기리고차

거리를 측정하던 수레. 수레 위쪽에 종과 북이 달려 있고, 내부에 세 개의 톱니바퀴가 설치되어 있어요. 일정한 거리를 가면 종과 북이 울리고, 울리는 횟수를 계산해 거리를 측정해요.

정상기의 「동국지도」

평지가 많은 중국식 지도법을 따르다 보니, 산천이 많은 우리 땅을 그리는 게 힘들었어요. 그래서 정상기라는 사람이 축척법을 사용해 지도를 만들었어요. 이후 조선 후기 지도 제작이 급속도로 발전했어요.

 # 왕과 왕비가 잠든 곳, 조선 왕릉

조선 왕릉은 조선의 왕과 왕비의 무덤이 잘 보존되어 있는 유적지예요.
조선의 왕릉 중에서 임금과 왕비가 잠들어 있는 왕릉은 모두 42기예요.
그중에서 북한 개경에 있는 2기의 왕릉을 제외한 나머지 왕릉 40기는
모두 2009년 세계 문화 유산으로 등록되었어요.
조선 왕릉은 주변 환경을 중요하게 여기는 풍수지리에 따라 지어졌고,
자연과 조화를 이루어 무척 아름다워요.

조선 천하의 주인이었던 왕의 무덤은 그 시대에 가장 뛰어난 건축 기술을
총동원해 만들어졌어요. 그만큼 조선 최고의 정성과 노력이 깃들어 있지요.
왕릉은 무덤 주인인 왕이 살았던 당시의 예술, 건축 기술을 보여 주는 유적지예요.
자, 그럼 크고 화려한 왕릉을 한번 둘러 볼까요?

* **기**: 무덤, 비석, 탑 등을 세는 단위.

* **풍수지리**: 산이나 땅, 물의 모양이나 방위에 따라 좋고 나쁜 일이 일어난다는 이론.
　　　　　우리 조상들은 풍수지리에 따라 도읍지를 정하고, 집을 짓거나 무덤의 위치를 정했음.

세종 대왕이 묻힌 영릉
한글을 만들고, 문화 발전의 기틀을 만들었던 세종의 능이에요.
조선 최고의 명당으로 손꼽히는 곳이에요.

정조와 사도 세자가 묻힌 융건릉
건원릉, 영릉과 함께 조선 3대 명당이에요.
융릉은 사도 세자, 바로 옆 건릉은 정조의 능이에요.

조선 최대의 왕릉, 동구릉
태조 이성계의 건원릉을 비롯해 선조의 목릉, 현종의 숭릉, 영조의 원릉, 헌종의 경릉 등이 모여 있어, 조선 왕릉의 무덤군 가운데 가장 규모가 커요. 특히 건원릉은 명나라 사신도 감탄한 조선의 명당 중 하나랍니다.

조선 왕릉의 기본 구조
능침 공간, 제향 공간, 진입 공간으로 나뉘어져 있어요.

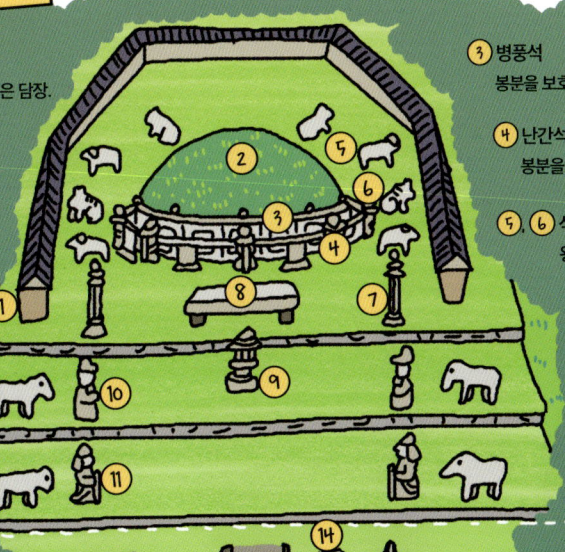

① **곡장** 봉분의 동, 서, 북에 둘러놓은 담장.
② **봉분** 왕릉의 주인이 잠들어 있는 곳.
③ **병풍석** 봉분을 보호하기 위하여 봉분 아래에 둘러놓은 돌.
④ **난간석** 봉분을 둘러싼 울타리 돌.
⑤⑥ **석양과 석호** 왕릉을 지키는 양, 호랑이 모습으로 만든 돌.
⑦ **망주석** 봉분 좌우에 세우는 돌기둥.
⑧ **혼유석** 왕의 혼이 노니는 곳.
⑨ **장명등** 어두운 사후 세계를 밝힌다는 의미를 지닌 석등.
⑩ **문석인** 왕을 보좌하는 문관의 모습으로 만든 돌.
⑪ **무석인** 왕을 호위하는 무관의 모습으로 만든 돌.
⑫ **석마** 문석인과 무석인의 뒤나 옆에 배치하는 말 모양의 동물.
⑬ **예감** 제례 때 사용한 축문을 태우는 곳.
⑭ **산신석** 왕릉이 위치한 산의 신령에게 제사 지내는 곳.

능침 공간 - 돌아가신 왕이나 왕비가 묻혀 있는 곳.

⑮ **정자각** 제사를 지내는 건물.
⑯ **비각** 왕의 행적을 적은 신도비나 표석을 보호하는 건물.
⑰ **수복방** 왕릉 관리자가 머무는 건물.
⑱ **수라간** 제례 때 필요한 음식을 준비하는 건물.
⑲ **향로** 돌아가신 왕이나 왕비의 혼령이 다니는 길.
⑳ **어로** 제사를 드리는 왕이 다니는 길.
㉑ **배위** 왕이 능역에 들어서면서 경건한 마음으로 절을 하는 공간.

제향 공간 - 제사를 준비하고 지내는 곳.

㉒ **홍살문** 신성한 지역임을 표시하는 붉은 기둥의 문.
㉓ **금천교** 능역과 속세를 구분하는 돌다리.
㉔ **재실** 왕릉 관리자가 제사에 참석하는 사람들의 숙식, 제사 음식 등을 관리하는 곳.

진입 공간 왕릉으로 들어가는 곳.

조선 후기의 왕들

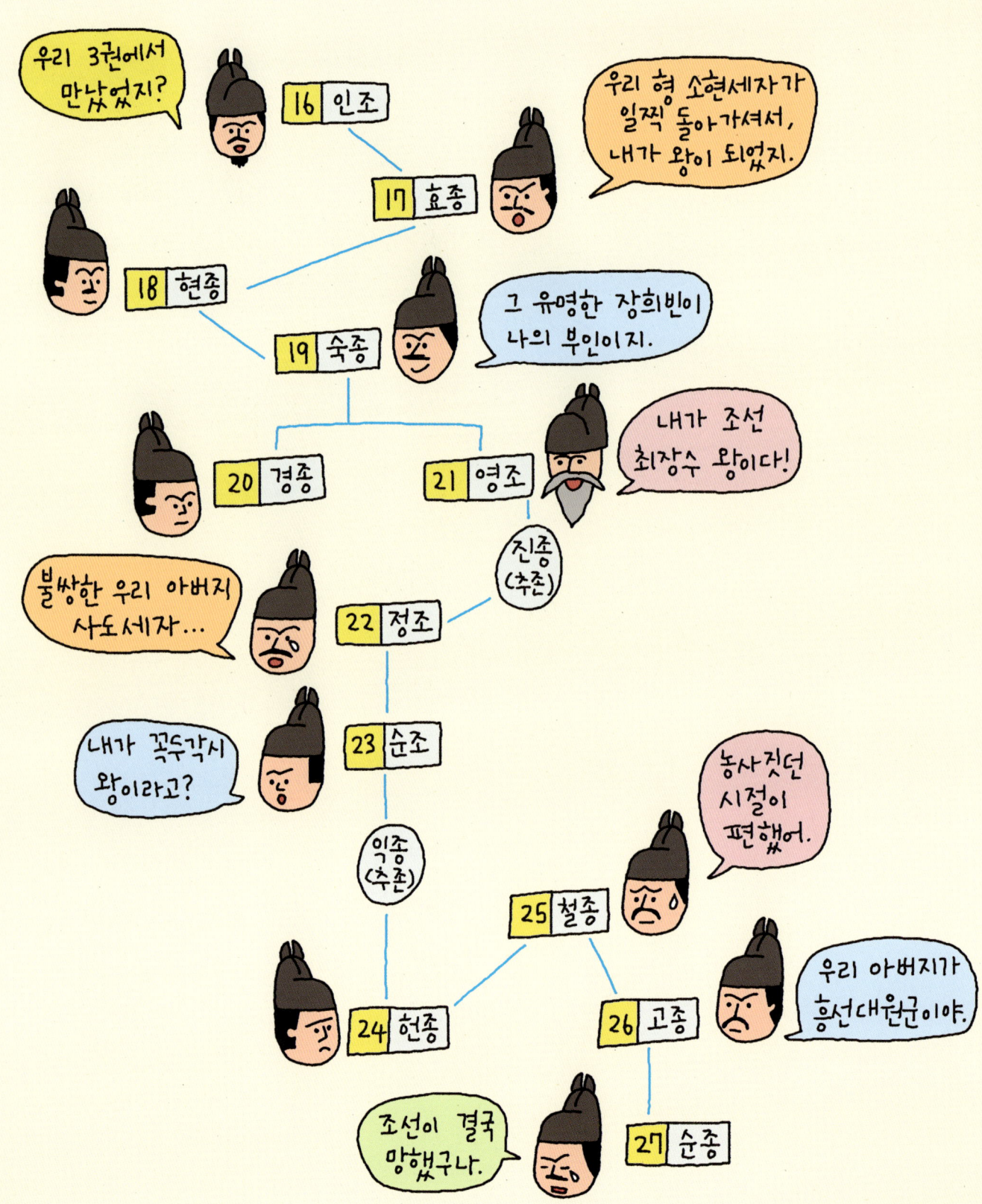

- 효종(1649년~1659년)　　인조의 둘째 아들. 병자호란으로 청나라에서 8년간 볼모로 지냄.
　　　　　　　　　　　　조선에 돌아와 즉위한 후, 북벌 계획을 세웠으나 실현하지 못함.

- 현종(1659년~1674년)　　효종의 아들. 남인과 서인의 심한 갈등으로 당쟁이 계속되어 국력이 쇠퇴해졌음.

- 숙종(1674년~1720년)　　현종의 아들. 경종, 영조, 연령군의 아버지. 당파 간의 견제와 대립을 이용하여
　　　　　　　　　　　　임진왜란, 병자호란 등으로 손상된 왕실의 권위를 회복하고 왕권을 강화함.
　　　　　　　　　　　　어려워진 나라 살림을 위해 대동법을 전국에 실시하고, 상평통보를 전국에서 사용하게 함.

- 경종(1720년~1724년)　　숙종과 장희빈의 아들. 4년 동안 재위하였으며 노론과 소론의 갈등이 극심하였음.

- 영조(1724년~1776년)　　숙종의 아들. 경종이 죽은 뒤 왕위에 오름.
　　　　　　　　　　　　불안한 왕권과 정국을 안정시키고 붕당의 갈등을 없애기 위해 탕평책을 실시함.
　　　　　　　　　　　　백성들을 위해 여러 가지 새로운 정책을 폄.

- 정조(1776년~1800년)　　영조의 손자이자, 사도 세자의 아들. 규장각을 설치하여 인재들을 등용하고
　　　　　　　　　　　　다양한 서적을 간행함. 수원 화성을 건설함. 개혁을 위해 많은 노력을 했으나
　　　　　　　　　　　　갑작스러운 죽음으로 완성하지 못함. 조선 후기의 문화와 학문을 크게 발전시킴.

- 순조(1800년~1834년)　　정조의 아들. 열한 살의 나이에 즉위하여 대비인 정순 왕후가 대리로 정치를 함.
　　　　　　　　　　　　세도 정치가 심해짐.

- 헌종(1834년~1849년)　　효명 세자의 아들. 순조의 아들인 효명 세자가 일찍 세상을 떠나자
　　　　　　　　　　　　여덟 살에 즉위함. 순조의 비인 순원 왕후가 대리로 정치를 함.

- 철종(1849년~1863년)　　정조의 아우 은언군의 손자. 강화에 유배되었다가 헌종의 뒤를 이어 즉위함.
　　　　　　　　　　　　순조부터 시작된 기나긴 세도 정치로 나라의 질서가 무너짐.

- 고종(1863년~1907년)　　제26대 왕이자, 대한 제국 제1대 황제. 영조의 현손(손자의 손자) 흥선군의 둘째 아들.
　　　　　　　　　　　　열두 살에 즉위하여 아버지 흥선 대원군이 대신 집권하다가 후에 조선을 직접 통치함.
　　　　　　　　　　　　조선의 개항이 시작된 후, 이름을 대한 제국으로 바꾸는 등 여러 변화를 시도하였으나,
　　　　　　　　　　　　결국 강제로 맺은 일본과의 을사늑약이 부당함을 세계에 알리려다 일본에 의해 퇴위됨.

- 순종(1907년~1910년)　　조선의 제27대 왕이자, 대한 제국 최후의 황제. 일제 강점기가 시작됨.

*(　)안의 연도는 왕으로 지낸 재위 기간임.

이 책에 실린 사진들

이 책에 실린 사진들은 저작권자의 허락을 받았으며, 사진들의 일부는 비용을 지불하고 사용을 허락받았습니다.
아울러 공공누리 저작물의 이용 조건에 맞게 수록하였습니다.
이 책의 사진들을 고르는 데 여러 가지로 조언해 주신 국립경주문화재연구소 임주희 선생님과
사진을 실을 수 있도록 허가해 주신 여러 기관과 담당자분들께 감사를 드립니다.

쪽	내용
010	**상평통보**-한국조폐공사 화폐박물관, 한국문화정보원
024	**상평통보**-한국조폐공사 화폐박물관, 한국문화정보원
029	자리 짜기, 『**김홍도풍속화첩**』-국립중앙박물관
030	**공명첩**-국립전주박물관
036	**상평통보**-한국조폐공사 화폐박물관, 한국문화정보원
037	**김만덕기념관**-김만덕기념관 홈페이지
	『**동의보감**』 표지와 내지-국립중앙박물관
041	『**연행도**』 제7첩-한국기독교박물관
043	**곤여만국전도(어람용)**-규장각 한국학연구소
050	『**연암집**』-국립중앙박물관
054	『**목민심서**』-국립중앙박물관 / 『**흠흠신서**』-국립중앙박물관
059	「**대동여지도**」-국립중앙박물관
064	『**연암집**』-국립중앙박물관 / 『**열하일기**』-성호박물관
	『**여유당전서**』-국립중앙박물관
065	**실학박물관**-실학박물관 홈페이지
080	**수원 화성 팔달문, 효원의 종, 서장대, 화서문, 장안문, 화홍문, 방화수류정, 창룡문, 화성 행궁**-수원문화재단 홈페이지
084	**화성능행도 병풍**-국립고궁박물관
088	**창덕궁 규장각**-한국관광공사/ **수원화성박물관**-수원시청
091	**화성능행도 병풍**-국립고궁박물관
098	**양반탈, 말뚝이탈, 각시탈**-국립중앙박물관
	하회탈(부네), 하회탈(양반)-국립민속박물관
102	『**토끼전**』, 『**홍길동전**』, 『**장화홍련전**』, 『**흥부전**』-국립중앙박물관
	『**춘향전**』-국립전주박물관
104	**판소리 공연 장면, 소리북**-국악박물관 국악아카이브
106	정선, 「**금강전도**」-개인 소장-출처: 문화재청
	『**김홍도필금강산**』-국립중앙박물관
108	김홍도, 서당, 『**김홍도풍속화첩**』-국립중앙박물관
109	김홍도, 씨름, 『**김홍도풍속화첩**』-국립중앙박물관
110	신윤복, 「**단오풍정**」-ⓒ간송미술문화재단
111	신윤복, 「**상춘야흥**」-ⓒ간송미술문화재단
	신윤복, 「**주유청강**」-ⓒ간송미술문화재단
113	**정조의 화성행차**-국립중앙박물관
114	**호랑이**-국립중앙박물관/ **모란꽃, 문자도**-국립민속박물관
115	**십장생도 병풍**-국립고궁박물관
116	**고창판소리박물관**-고창군청/ **겸재 정선미술관**-한국관광공사
117	『**토끼전**』-국립중앙박물관
	신윤복, 「**주유청강**」-ⓒ간송미술문화재단
	신윤복, 「**단오풍정**」-ⓒ간송미술문화재단
	신윤복, 「**상춘야흥**」-ⓒ간송미술문화재단
149	**척화비**-한국관광공사/ **운현궁**-문화재청/ **경주 용담정**-경주시청
177	**강화역사박물관**-한국관광공사/ **강화전쟁박물관**-강화군청
179	**곤여만국전도(어람용)**-서울대학교 규장각 한국학연구원
181	**창경궁, 경복궁, 창덕궁, 경희궁**-문화재청
	경운궁-개인 촬영(김원미)
182	**청화백자**-국립진주박물관/ **백자 달항아리**-국립중앙박물관
	소반-국립중앙박물관/ **조각보**-국립민속박물관
183	**안경**-실학박물관/ **천리경, 자명종**-한국기독교박물관
184	**은주시청합기(1667년), 조선주착안일권지각서(1696년)**-동북아역사재단
185	**독도박물관**-한국관광공사/ **독도박물관 표석**-독도박물관 홈페이지
	안용복기념관-한국관광공사
	독도 서도 정상에 있는 태극기-국토해양부
187	『**대동여지도**』-국립중앙박물관
	『**대동여지도 지도첩**』-국립중앙박물관
	『**대동여지도**』 목판-국립중앙박물관
	정상기, 「**동국지도**」-국립민속박물관
189	**영릉, 융건릉, 동구릉**-문화재청